学びが深まる

ソーシャルワーク実習

「学びが深まるソーシャルワーク実習」編集委員会
［編］

ミネルヴァ書房

まえがき

　社会福祉士（ソーシャルワーカー）を志す皆さんは，この資格取得にあたっては必ずソーシャルワークに関する現場実習を経なければなりません。学生の皆さんには，社会福祉の現場実習というと，高齢者や障害者を中心とした「車椅子の介助」「食事介助」「排泄介助（オムツ交換など）」といった「介護（介助）」をイメージしやすいと思います。しかし，実際の社会福祉士資格に関連する実習：ソーシャルワークは少し内容が違います。

　確かに，部分的には「介護（介助）」の知識・技能は身に付けておかなければなりませんが，文字通りソーシャルワークの基本は利用児・者の相談事を相手の立場に立って聞いたり，その時の気持ちなどを受け止めたりする技法です。したがって，大学ではまずコミュニケーション能力や援助者自身の価値観について深く学び・理解する必要があります。ですから日々の講義などで学んでいる「傾聴」「自己覚知」「自己決定」「ケース会議」といったキーワードを専門用語として理解するだけではなく，実際の現場に赴きそれらを試行し，体得することでソーシャルワークの技法を学んでいくことになります。

　ただし，現場実習といっても「どの分野を選択したらよいのか？」「実習における準備は？」「アルバイトやボランティアと実習の違いは？」「実習計画をどう作成すればよいのか？」などなど，多くの疑問を抱くかもしれませんね。当然，実習に関する事前授業で担当教員から指導を受けながら実習に臨むと思いますが，学生の皆さんにしてみれば，見知らぬ世界の体験に不安や疑問でいっぱいでしょう。また，実習中の対応はもちろん，実習終了後の「スーパービジョン」「将来の進路選択」などについても学び・考える必要があります。

　その意味で，本書は学生の皆さんの立場になって，ソーシャルワーク実習

がどういうものなのか，できるだけ学生目線でわかりやすさを基本に作成いたしました。よって，はじめてソーシャルワーク実習に臨む多くの学生の皆さんに利用してもらえたら幸いです。

　なお本書は，（社）日本社会福祉士養成校協会『相談援助実習ガイドライン』も参考にしながら，作成しており，2021年度より施行される社会福祉士養成課程の新しいカリキュラムを反映したものです。

　2021年1月

「学びが深まるソーシャルワーク実習」
編集委員会代表　長谷川匡俊

目　次

第1章 ソーシャルワークとは

　これからソーシャルワークを学び，社会福祉士を目指す皆さんにとって，ソーシャルワーク実習は学びの大きなポイントになります。社会福祉のような実践に役立つことを行う学問においては，教室の中で学ぶだけでなく，実践現場で身をもって体験することで学びを統合化することが必要です。学習を始めると実践現場で早く学びたいという気持ちになる人が多いでしょうが，先輩たちからは実習が近づくと，逆に「不安になる」という声を聞くことがあります。そうした傾向は，真面目に取り組む人ほど強いようですが，自分一人で抱え込まないで一緒に実習指導を学ぶ学生同士で共有したり，教員とも相談してみましょう。また，緊張感をもって実習に臨むことが必要なのだと理解できれば，不安への向き合い方も変わってきます。

　同様に，生活をする上でさまざまな課題を抱えている利用者は，不安を抱えています。そうした不安に気づいている人もいれば，気づいていない人もいるでしょう。そのため自分から友人に相談したり，専門の相談機関を訪ねる人もいれば，自分一人で抱え込む人もいます。皆さんからすれば，せっかくソーシャルワークを学んだ私たちがいるのに「相談をしないなんてもったいない」と思われるかもしれません。しかし，実際には相談できる人や場所があることを知らなかったり，他人に自分のこと，あるいは家族のプライバシーにかかわることを知られたくないという人たちもいます。

　ソーシャルワークの基本は，不安を抱えている利用者と向き合うことから始まります。そのため，ソーシャルワーカーが不安な相手をどのように受けとめるかということが基本になります。このように，ソーシャルワークとは知識や技術として学んだことを蓄積して活用するだけでなく，ソーシャル

ワーカー自身がどのように感じ，理解し，行動できるかが問われます。そのため，何を学ぶかだけでなく，〈どのように〉学ぶかが大切になります。本章では，学ぶ皆さんが自分の課題として捉えられるようにソーシャルワークの学び方をわかりやすく示していきます。

　他方で，ソーシャルワーク活動は，先人たちがそれぞれの時代に行った必要なソーシャルワーク実践のなかで培われてきました。その成果が，現在の社会福祉士の倫理綱領などであるといえます。また，ソーシャルワーク実践は，社会福祉法をはじめとしたさまざまな法や制度の下で実践されます。そこで共通している基本的な価値の一つが，利用者の尊厳です。単にサービスの対象者として捉えるのではなく，一人ひとりのちがいを尊重する関わりを学ぶ必要があります。同時に，どんな状況にあろうと利用者が自己決定することで成長でき，自立した生活ができるように支援することがソーシャルワークの基本となっていることを，講義だけでなく，実習において体験的に学ぶことで確かなものにしましょう。

1　ソーシャルワークを学び実践するために

（1）なぜソーシャルワークは必要なのか

　私たちは，生活していくなかでさまざまな課題に直面します。人生の各段階で予想されること，例えば進学や就職，結婚，高齢となった親の介護や死別などがあります。また，予想できないこととして，病気，事故や災害，離婚，失業などがあります。どの場合にも生活をしていく上での「危機」となる可能性があり，私たちは，そうした課題へどのように向き合うかが問われることになります。

　こうした生活の課題に対して，多くの人たちは，それまでの経験や個人的な人間関係で対処することを行います。それで解決できればいいのですが，課題が深刻であればあるほど，個人では解決することが難しいことが起こり

ます。そのような時に，相談者のプ
ライバシーを守り，専門的に対応し
てくれるソーシャルワーカーや相談
機関があると安心できます。この生
活課題を抱えた利用者のソーシャル
ワークを専門的に行うのが，社会福
祉士（ソーシャルワーカー）です。利
用者は，個人の力では対応できない

ことに，社会的なサービスを活用することで損なわれた生活の連続性を再生
させることが可能になっていきます。

　専門職のサポートによって利用者の課題を解決するだけでなく，生きる力
を身に付けられることにソーシャルワークの意義があります。したがって，
専門職は利用者に代わって問題解決をするのではなく，利用者が自分の課題
として理解し，受け止められるように関わり，自分から課題へ向き合い，今
後の生活を利用者が自分で決められるように支援していきます。

　さらにソーシャルワーク活動を実践していくことで，地域社会の新たな連
帯を創り出し，暮らしやすい地域社会を創造する可能性を広げてくれます。
特に，現代社会では，さまざま課題を抱えることで，地域で孤立した生活を
送っている人が増えています。そのため，相談機関にいて相談を待っている
だけではなく，こちらから出向いて行ってソーシャルワーク支援が必要な人
を発見して，関係機関へとつないでいくことが必要となります。また，予防
的な活動の意義も増えています。

　このようにソーシャルワーカーが行うソーシャルワーク活動は，地域で安
心して，自分らしく生活をするために不可欠なものになってきています。し
かし，他人の生活に関わり，相手が主体的に自分の課題に取り組めるように
支援することは，簡単なことではありません。そのため，一朝一夕には学べ
ませんが，これから講義，演習，実習と時間をかけて学んでいくことになり

ます。焦る必要はありませんが，地道に継続的に学ぶことが大切です。では，次にどのように学んだらよいのか，ソーシャルワークの学び方を紹介しましょう。

（2）学び方を身に付けよう

　何かを学ぶ時，誰もが学んだことの成果を期待します。例えば，医学を学んで医師になれば，手術や検査を行うことができ，その専門性は形として見えます。ところが，社会福祉士をはじめとしたソーシャルワーカーの実践は，これまで示してきたことからも理解できると思いますが，形として見えにくいものです。では，見えにくいものをどのように学ぶのか，この学び方にソーシャルワークの専門性の基盤が表れます。

　当然ですが，他の専門職と同様にソーシャルワークの実践に必要な知識や技術を学びます。しかし，それ以上に大切なのが，そうしたものを支える価値やそれに基づく態度を学ぶことです。こうしたものは，学んで知っているだけでは実践で役に立ちません。また，単に情報提供するだけで実現できるものでもありません。利用者という相手がいて，初めてソーシャルワーク実践は行うことができるのですが，このことはいくら強調してもし過ぎということはありません。なぜなら，ソーシャルワーカーが問題解決を利用者の代わりにするのではなく，利用者が自分の課題として実際に取り組めるように支援するからです。その実現のためには，利用者が自分の生活課題とどのように向き合うかを自分で決められること，自己決定をすることの必要性を伝えることが求められます。利用者が自己決定することで，責任が生まれ，成長できることを理解してもらい，実際に自己実現することでソーシャルワーカーの役割を果たすことになります。こうした〈伝える力〉，またそのために相手が話しにくいことを〈聴く力〉が求められます。このように自分の五感を総動員して，相手に関わる力を身に付けることが学びの基本になります。

　こうした学びは，通常の授業の中だけではなく，毎日の生活においても学

ぶことはできます。友達から相談を受けた時，あるいは障害者に路上で助け
を求められた時，祖父が介護を必要になった時など，さまざまな機会があり
ます。こうした場合に，あなたはどんな態度や行動をとりますか。どんな行
動をとればいいのかだけではありません。あなたの態度や行動には，すでに
基本的な価値観が反映されていることになります。このように相手との関わ
りで学べる機会は，自分から広げてつないでいけば，たくさんの機会がある
ことがわかります。

　以下に，ソーシャルワークを学んでいく時に役立つ学び方，ソーシャル
ワーカーとしての対人援助力を身に付けるためのポイントをいくつか示します。講義の「ソーシャルワークの基盤と専門職」「ソーシャルワークの理論
と方法」などにおいて〈何を〉学んだらよいのかが示されます。あわせて，
〈どのように〉学ぶかに注目してください。こうした内容は，ソーシャル
ワークを実践するための視点を養ってくれることになります。

　まず，ソーシャルワークを実践するためには，相手の生活や置かれている
状況を理解するために〈想像力〉を働かせることです。例えばソーシャル
ワーク実習においては事前学習から始まり，事後の振り返りの中で，実際に
体験したことだけでなく，できなかったことも含めて，さまざまなことを想
像することで利用者のことを理解し，行動できるようになります。自分では
できなかったことを，他の実習生の報告を聞いて学び，実習指導者や教員か
らのアドバイスで想像力を豊かにすることも可能です。

　学んでいくには，さまざまなことを〈つなぐ力〉が求められます。講義や
演習といった学内で学ぶことと実習で学ぶことをつなげることができると，
学ぶ人の中で手ごたえが出てきます。同様に，社会福祉士は，さまざまな情
報を収集して援助を計画していきますが，何を重視し，あるいは優先するか
を考えながら情報を実践につなげ，活用することを行います。

　さらに，社会福祉士は一人で支援するのではありません。一人で孤立して
支援するのではソーシャルワーカーも疲弊するし，適切な支援ができません。

そのため，組織内でのチームで，あるいは地域でネットワークを創り出すという〈創造力〉を発揮できるようになりましょう。さらに，利用者が必要とするサービスを開発できるようになることです。単に制度としてあるサービスを活用するのではなく，生活の課題に利用者が自ら取り組むために役立つサービスの必要性をデータに基づいて示し，行政に訴えていくことも必要なことです。

（3）基礎と実践の関係とは

　前記のような学び方をしていくには，基礎と実践の関係を正しく理解することが出発点となります。なぜなら，〈想像力〉〈つなぐ力〉〈創造力〉などは実践に求められることなのですが，何か特殊な専門のことではなく，ソーシャルワーカーを目指す人であれば，誰にでも必要な基本的な力なのです。

　多くの学校のカリキュラムを見ると，低学年で基礎を学び，学年が上がると専門的なことを学ぶという構造になっています。また，学生は基礎とは学校で学ぶもの，実践現場ではそれを応用し，専門的に行うことだと考えるのが一般的です。そのため，実習でソーシャルワークを学ぶ時，多くの人は専門的なことを学ぶとイメージしがちになるでしょう。ところが，学生が基礎をすべて学び終えて実習に行くことは不可能です。また，現場で活躍している先輩のソーシャルワーカーでさえ，基礎をすべて学び終えている人はいません。

　当然ですが，実習でもやはり学内で学んだ基礎が問われます。「聴く態度ができているか」「相手を尊重しているか」「感じたことを表わせるか」などを知識として知っているだけでなく，学内で学んだことが，実際にできるのかが試されると言ってもよいでしょう。学んだことを実践できれば嬉しいのですが，できないからといってすぐに諦めないでください。最初からできる人は，極めて少ないからです。したがって，できない自分と向き合い，また指導者に支えられて学ぶのが実習です。大切なのは，自分から学ぶことで体

験を大切にした学びを行うことです。

　実際に，ソーシャルワーク実習において，皆さんは利用者との関わり，その生活の理解からさまざまなことを〈感じる〉ことを行います。この感じる力，感性が，先の創造力等の源になっていきます。体験の中で感じたことをことばにすることで，自分の学びとなっていきます。このプロセスが，まさしく基礎の学びであり，同時に実践的なものであることもわかるでしょう。

　確かに個々の現場に行かないと学べない専門的なことはありますが，感じたことをことばにすること，想像力を豊かにし，さまざまな学びをつなげ新しい発想で創造することは，学内でもできることです。したがって，実践の現場でないと実践力を培うことができないのではなく，日頃から可能であり，それは基礎の学びとして行うことができるのです。つまり，実践力を付けるということを考えると，専門や応用をイメージしがちですが，どんな専門的なことであっても基礎から成り立っており，逆に先輩の専門性への態度からその基礎となるものが見えてきます。つまり，「基礎と専門や応用とはそれぞれを自己完結させるのではなく，常に開かれた関係⁽¹⁾」として学んでいくことです。

（4）求められるのは人に関わる態度

　ソーシャルワーカーに求められるのは，人に関わる適切な態度です。どんなに専門的な知識を持ち，技術があったとしても，利用者があなたを必要としてくれない限り，その専門性は何の役にも立ちません。相手があなたを受け入れてくれる，この人なら私の困っている生活のことを相談したいと思えないと，援助関係は始まっていきません。

　ここでは，学生が気にする代表的な人に関わる態度を 2 つ取り上げて考えてみましょう。まずは相手との〈信頼関係〉についてです。ソーシャルワークを学んだり，実践している人から「利用者から信頼されるソーシャルワーカーになりたい」ということばをよく聞きます。そのため，信頼される社会

福祉士になるために一生懸命に勉強し，研修を受けているのでしょうが，ソーシャルワーカーが知識として持っているものから信頼が生まれるのではなく，まずはあなたの相手に関わる態度から判断されます。相手から信頼されるには，まず，あなたが相手を信頼することです。自分が相手を信頼していないのに，相手から信頼されたいと思うことは，随分と都合の良い考えです。ここからが，基礎が専門につながるところになります。相手を信頼することで，必ず見返りがあって信頼されるとは限りません。しかし，やってみなければわからないことをできるのが，専門職なのです。必ず，期待通りの結果が出るのならば，誰でも安心してできます。

　もう一つが〈人間関係〉に対する態度です。先にも示したように，利用者と援助関係を創るために，あるいはチームで仕事をやりやすくするために「よい人間関係を創り，維持する」ことを多くの人は行います。皆さんの身近な例で説明すると，学校やサークルで自分の居場所を確保するために，よい人間関係を維持しておくという考えです。そのために相手と自分の理解が違っていてもあえて言わないことがありますが，それは人間関係を悪くしたくないからです。また，相手の言っていることが，本当はわかっていないのに，わかっているような態度をとることがあります。仲のよい友達の話していることがわからないと，相手からどのように思われるか心配だからです。やはり，相手との関係がギクシャクすることを恐れています。しかし，そうやって自分を困らないように守っていると，「自分だけ」を大切にすることになり，お互いを大切にする関係を生み出すことができません。

　このように確認してみると，〈人に関わる態度〉を学ぶことは，多くの人

が日常的に当たり前にしている態度に問いを投げかけることになります。その問いの答えがどこかにあるのではなく，自分で見つけ出すのがソーシャルワークの学びです。この悩んで自分なりの答えを見つけ出していく過程が，ソーシャルワーカーになっていくために必要なことです。もちろん，一人よがりになっては困りますが，そうならないようにするための一番の教師は利用者ですが，安心して下さい。あなたの回りには利用者だけでなく，担当教員，一緒に学ぶ仲間，実習先の指導者がいて，一緒に悩んでくれます。

　この人に関わる適切な態度を身に付けることは，一人ひとりの学生がどのようなソーシャルワーカーになるかに大きく影響します。将来，皆さんには社会福祉士の資格を取得して「こんなことができるソーシャルワーカーになりたい」という夢があるでしょう。ところが残念なことに資格は仕事をするための手段なのですが，それがいつの間にか目標になってしまうことがあります。資格を取得することで満足してしまうのです。また，就職して，周りから言われたことだけをするソーシャルワーカーになってしまうと，自ら課題を発見し，主体的に取り組むソーシャルワーカーになることはできません。そうした現状がないとは言えませんが，それでは〈小さな〉ソーシャルワーカーになってしまいます。利用者とともに歩み，そのために冒険ができる〈大きな〉ソーシャルワーカーへと育ってほしいのです。

（5）自分を知り成長していく

　ここまで解説してきたことからもわかると思いますが，ソーシャルワークは人の役に立つ仕事です。また，学んでいる人は，人の役に立つ人間になりたいと思っているでしょうが，この仕事の魅力は，それだけではありません。人の役に立つ実践をしていくことは，その実践の中であなたが自分を知り，成長していく機会となるのです。

　このテーマに限らず，学ぶためには与えられた質問に答えるだけでなく，自ら問いを発することが求められます。例えば，ソーシャルワーク実習で

9

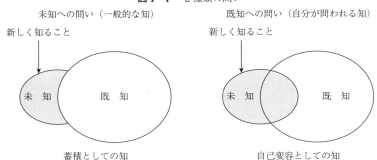

図1-1　2種類の問い

未知への問い（一般的な知）　　　　　既知への問い（自分が問われる知）

新しく知ること　　　　　　　　　　新しく知ること

未　知　　　既　知　　　　　　　　未　知　　　既　知

蓄積としての知　　　　　　　　　　自己変容としての知

出所：佐藤俊一『ケアを生み出す力――傾聴から対話的関係へ』川島書店，2011年，23頁。

「いつも友達と話している時には伝わることが，利用者はわかってくれない」ということが起こった時，多くの人たちは対応方法を考えます。もちろん，それも必要なことですが，立ち止まって「なぜ」そうなるのかを問いかけてみることです。もしかすると，友達はあなたのことを気遣って，「わかるよ」と言っていたのかもしれません。友達だからこそ，そういう態度をとらざるを得ないことがよくあります。したがって，自分を知るという学びにおいては，「未知の問いを発して新たな知識を増やすだけではなく，〈既知への問い〉を発することができるようになる[(2)]」ことが必要となります。このわかっている，当たり前にしている既知のことを問われることは，自分が問われ自己変容しながら学ぶことになります。自分とは無関係に知識を蓄積できる〈未知への問い〉とは異なり，自分が問われるという面白い学びになっていきます（図1-1参照）。

　さらに自分を知るとは，受け入れたいことだけでなく，受け入れたくない，見たくない自分を知ることになります。さまざまな利用者や課題に接していくためには，避けて通れないことです。ただ，このことに怯える必要はありません。個々の学生やソーシャルワーカーは完成しているのではなく，常に成長のプロセスにいます。そして，一人で「わからない」「できない」と抱

┌─ 個々の生活の理解 ─

　1年生の前期に，中村くんは「ソーシャルワークの基盤と専門職」の講義で，初めて「生活のしづらさ」ということを学んだ。これまでソーシャルワーカーは，利用者の生活を支援するということは聞いていたが，「しづらさ」ということばが新鮮だった。

　翌週にボランティア先の障害者支援施設で利用者の川口さんに「あなたの生活のしづらさはどんなことですか？」と訊ねてみた。すると，少しためらわれながら「職員に何かを頼むことだよ」と言われた。その答えは，中村くんの予想していないことだった。同時に，彼は居場所，経済的なこと，移動の手段といったことを当たり前にイメージしていたことに気づいた。このように生活のしづらさとは，個々人によって異なり，そのことを理解することから支援が始まるのだとわかり，「自分も実践してみたい」と中村くんはソーシャルワークを学ぶことにさらに興味がわいてきた。

え込むのではなく，気づいた自分の課題をことばにして，教員と共有し，実習指導者に相談することで課題と向き合うことができるのです。そのことは，あなたが利用者のことを理解する時に，相手の気持ちをわかるということにつながっていきます。

　ソーシャルワーカーは「やさしい人」「いつでも相手の手助けをする」と思っているかもしれませんが，ときには「嫌な人」「相手の力に任せられること」が必要になります。相手の生活の課題に一緒に取り組んでいくためには，「よい人」でいるだけではできません。こうしたことがわかり，さらに自分が実践できていない点がハッキリすることは辛いことです。しかし，自らの課題が明らかになることで，既知の自分の態度が問われ成長できるのです。繰り返しますが，こうやって学んでいるのは，あなただけではありません。学生同士が一緒になって，さらに支える多くの人たちとともに学んでいるということを忘れないで下さい。

2　基本となる利用者の理解と尊厳

（1）「利用者を理解する」ということ

1）利用者理解はソーシャルワークの基礎

　社会福祉士を目指す皆さんは，大学の4年間で福祉に関する法律や制度・政策，ソーシャルワークの技術，権利擁護や医学知識等の多くのことを学びます。ソーシャルワーク実習においては，その知識や技術がどの程度身に付いているか，あるいはどれだけ必要かということを実感することでしょう。それらを学ぶことはもちろん大切なことですが，その専門的知識や専門的技術というソーシャルワークの本体を支えているのは，本節で学ぶ「利用者を理解する力」であり，ソーシャルワークの基礎にあたります。

　ソーシャルワーク実践において，どのような専門的支援が必要となるかを考える上で参考となるのは，足立叡の「社会福祉実践における基礎構造と本体構造[3]」という考え方です（図1-2）。足立は，社会福祉の学びと実践について建築工事にたとえ，建物本体の工事と建物を支える基礎工事の関係と同様に，その関心が本体構造にのみ向けられ，それを支える基礎構造の意味を問う姿勢が見失われると，本体と基礎との乖離が起き砂上の楼閣となってしまう危険を指摘しています。つまり，「利用者を理解する」という基礎が固まっていなければ，どんなに多くの専門的知識や技術を持っていても，ソーシャルワーク実践そのものが不安定でぐらついてしまうことを意味しています。ソーシャルワーク実践がぐらつかないためには，その基礎にあたる利用者の理解，ソーシャルワーカーの価値，援助の視点，援助の姿勢などを形づくっておくことが大切となります。

　これは「福祉サービスの質は援助する者の対象者理解の深さにおいて決まる」ということです。利用者がどのような人生を歩んでこられ，どのような環境の中で，どう生活しているのか，そして，どのような思いでいるのかな

図1-2　社会福祉実践の基礎構造と本体構造

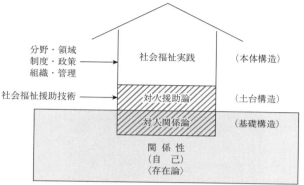

出所：足立叡編著『新・社会福祉原論』みらい，2005年，220頁。

ど，利用者を全体的・包括的に理解していくことがソーシャルワークの第一
歩となります。

2）人と生活を理解する

　社会福祉の対象となるのは，さまざまな生活課題を持った人間，つまり生
活者です。そして，その生活に目を向けていくことがソーシャルワークに不
可欠となります。

　岡村重夫は「社会福祉援助において重要なことは，社会生活上の基本的要
求を充足する重要な社会関係の困難が，どのように重複しているか，あるい
はA社会関係の困難がB社会関係にどのように影響しているかを発見し，
これを取りのぞいて，多数の社会関係が調和するように援助するのである[4]」
と述べ，「貧困」ではなく「貧困者の生活」を，「病気」ではなく「病人」を
問題にすることが社会福祉の特徴であるとしています。つまり，利用者の
「生活の全体」に目を向けて，広い視野を持って利用者を理解していくこと
がソーシャルワーク実習においても大切になります。

3）利用者とソーシャルワーカーの関係

　ソーシャルワークは，利用者とソーシャルワーカーの対等な関係を基本と

して展開されます。つまり，社会福祉は利用者が生きていくことを援助するということですので，これまでの援助者と利用者の関係を「してあげる，してもらう」という関係から，「ともに生きる」という対等な関係への転換が求められます。また，援助者の福祉サービス利用者への理解としては，「援助の対象としての人間」から「ともに生きる存在としての人間」へと転換が求められます。この点は実習生と利用者の関係も同様で，この二者関係を明確にしてソーシャルワーク実習に取り組む必要があります。

　このように，対等な関係の中で援助が行われることは望むべきあり方ですが，今日の福祉現場の実態を踏まえると課題も多く残されています。例えば，既成のサービスや制度を利用者にあてはめることに主眼が置かれ，そのサービスや制度に該当しないニーズをもった人の存在が社会問題として取り上げられなくなってしまうことも起こりえます。したがって，ソーシャルワークにあたってはこれまでの実践の中での援助関係を見直しながら，真に対等な関係を構築するために，利用者ニーズに合ったサービスの提供を行うという方向性を再確認し，さまざまな権利擁護活動を通してそれを実現していく必要があります。

（2）利用者理解に必要なこと

1）自分の見方を知る

　他者を理解しようとする時に，人間は必ず自らの見方や価値観などに影響されて形成された思考の枠組みというフィルターを通して認知していきます。つまり利用者を理解する際に，援助者自身がどのような思考の枠組みを持っているのか，そして，それによってどのように偏った理解をしてしまう危険性があるのかを自覚しておくことが大切です。このフィルターは，生まれてから現在までに出会った人やさまざまな経験によって形づくられてきたものです。人間は「自分のことは自分が一番わかっている」と思いがちですが，自分がどのような思考の枠組みをもっているかは，先に示したように，自分

が当たり前としていることへ「既知への問い」を発することです。特に実習中においては，実習指導者や職員，利用者，実習指導担当教員などからの助言や会話の中から自己を問う大切な機会が得られます。実習指導者からの指導や注意については，謙虚に受け止め，自らの言動を冷静に振り返り，学びの機会としていきます。

2）「聴く」姿勢

　ソーシャルワークにおいて「聴く」あるいは「傾聴」というと，とかく聴く技術など，方法の問題として理解される場合が多いと思います。ここでは，その技術を使う前に大切な，援助者の「姿勢」や「態度」としての聴くことについてふれておきます。ソーシャルワークにおいて援助者が陥りやすいのは，利用者が投げかける問いや抱えている生活課題に対して，援助者側が何とか解答（answer）を示そう，解決してあげようという姿勢や態度で関わってしまいやすいことです。そこには，利用者を「力のない人」と捉えてしまう価値観が見え隠れしています。生活課題を解決していく主体は利用者自身であり，それを側面から支援していくのが援助者です。ですから，解決してあげたいという熱意は大切ですが，そのことによって，信頼関係を築く上で大切な，相手と自分に誠実であるという聴く態度が抜け落ちてしまうことが危惧されます。援助者として大切なことは，利用者からの投げかけに対して解答するのではなく，まずは「あなたの言葉を確かに受けとめました」と応答（response）していくことです。それにより，利用者は受けとめられたと安心でき，自分を開くことができ，少しずつ信頼関係が形成されていきます。そして，そのような信頼関係がないところに援助関係は成り立たないのです。

3）人と環境を理解する

　「生活者」である利用者を理解するためには，社会生活を援助する視点が大切になります。皆さんが学ぶソーシャルワークの独自性・固有性は，人間を社会的な存在として捉え，環境の中の人として，生活を全体的に捉えていく点にあります。つまり，利用者を理解するために，人間とそれを取り巻く

環境，そして両者の交互作用や適応状態に焦点を合わせて全体的，複合的に理解をしていくことです。人は一人ひとり異なる考え方や価値観を持って生活しています。その一人ひとりを理解するとともに，その人を取り巻く家庭や学校，職場や地域における人間関係，自宅などの住まいや入所施設という物理的環境，社会情勢などを理解し，人と環境の接点（インターフェース）においてどんな問題が発生しているのかを理解していきます。

　また「対象者の社会生活援助の原理⁽⁶⁾」として，次の4点が大切となります。一つは「社会生活の全体性」であり，社会生活上のすべての問題やニーズは相互に関連し，同時に重複しているということ，二つには「社会生活の継続性」として社会生活での問題やニーズは常に変化しており継続的に援助していく必要があること，三つには「社会生活の個別性」であり，社会生活でのニーズを充足する方法は個々人の主体的な選択により異なること，そして最後に，社会生活上での問題やニーズを解決する方法は，個々の地域の社会資源状況によって異なるという「社会生活の地域性」です。これらの視点を援助者として持ち，利用者の社会生活を理解し，援助にあたっていきます。ソーシャルワーク実習においても，このような視点を大切にして利用者の社会生活を全体的・包括的に理解していきましょう。

（3）専門職に求められる倫理

　「倫理」という言葉を辞書で引くと，「人倫のみち。実際道徳の規範となる原理。道徳⁽⁷⁾」と記載されています。社会福祉士の倫理について表現すると，社会福祉士が職務を遂行するうえでの価値観やあるべき自我像，自己の責務，行動の準則などであり，自己規制を行う基準といえます。

　社会福祉士を目指す皆さんが参考にすべき2つの重要な指針があります。

　一つは，2014年7月メルボルンにおける国際ソーシャルワーカー連盟（IFSW）総会及び国際ソーシャルワーク学校連盟（IASSW）総会において採択された「ソーシャルワーク専門職のグローバル定義⁽⁸⁾」です。そこからソー

シャルワーク専門職が何を目的にし，原理としているかが理解できます。

```
── IFSW・IASSW の「ソーシャルワーク専門職の定義」──

　ソーシャルワークは，社会変革と社会開発，社会的結束，および人々のエンパ
ワメントと解放を促進する，実践に基づいた専門職であり学問である。社会正義，
人権，集団的責任，および多様性尊重の諸原理は，ソーシャルワークの中核をな
す。ソーシャルワークの理論，社会科学，人文学，および地域・民族固有の知を
基盤として，ソーシャルワークは，生活課題に取り組みウェルビーイングを高め
るよう，人々やさまざまな構造に働きかける。
```

　もう一つは，社会福祉専門職団体協議会代表者会議が2005（平成17）年に
制定し，日本ソーシャルワーカー連盟代表者会議が2020（令和2）年に改訂
した「社会福祉士の倫理綱領」（ソーシャルワーカーの倫理綱領）（巻末資料参照）[9]
です。その倫理綱領の中の「原理」では，人間の尊厳，人権，社会正義，集
団的責任，多様性の尊重，全人的存在について述べられており，「倫理基準」
においては，クライエントに対する倫理責任，組織・職場に対する倫理責任，
社会に対する倫理責任，専門職としての倫理責任が記されています。いずれ
もソーシャルワーカーとして従うべき姿勢や態度，行動が示され，ソーシャ
ルワーク実習にあたっても参考となります。特にクライエントの利益の最優
先，クライエントの自己決定の尊重，クライエントの意思決定能力への対応，
プライバシーの尊重と秘密の保持等は，ソーシャルワーク実習を通して意識
的に行動するべき規範です。

（4）尊厳の尊重と社会正義の実現

1）ソーシャルワークの基盤にある人権

　私たちは他者と出会い，自己を紹介する際に，必ず名前を伝えます。職業
や資格，学校名や学年，年齢，趣味などを話すこともありますが，他者とは
異なる唯一無二のものとして一人ひとりの名前があります。そして，その名
前は人間らしく生きるために欠かせないものであり，自分自身の人格そのも

のを表しています。このような人格や人権を意味する名前について，「子ども
の権利条約[10]」の第7条には，児童は出生の時から氏名を有する権利および
国籍を取得する権利を有するものと明記され，誕生した人間の存在と固有の
価値を示しています。

　ソーシャルワークの基盤にある人権を理解するためには，1948年に国連総
会で採択された「世界人権宣言」が基本となります。この宣言は，人権を
「すべての人民とすべての国とが達成すべき共通の基準」として保障すべき
ものとして示しています。その第1条には，「すべての人間は，生まれなが
らにして自由であり，かつ，尊厳と権利とについて平等である。人間は，理
性と良心とを授けられており，互いに同胞の精神をもつて行動しなければな
らない」と人間の尊厳を述べています。また，わが国の憲法においても第11
条に「基本的人権の享有」が掲げられ，侵すことのできない永久の権利とし
て位置づけられています。そして，ソーシャルワーク実践の基本原理にも，
すべての人々がかけがえのない存在として，その尊厳が尊重されていくこと
が位置づけられています。

2）ソーシャルワークの基盤にある社会正義

　私たちの社会の中では，多数の者や強い人々によって少数の者や弱い立場
にいる者が虐げられ，不当な扱いをされてしまうことがあります。そのよう
な社会の構造的な歪みにより，残念ながら差別や貧困，抑圧，排除，暴力，
虐待，環境破壊等が発生しています。そのようなことが起こらない，自由，
平等，共生に基づく社会正義の実現を目指すことも社会福祉士の役割です。
つまり，社会福祉士は，人々をあらゆる差別，貧困，抑圧，排除，暴力，虐
待，環境破壊等から守り，包含的な社会を目指すよう（ソーシャル・インク
ルージョン）努めていかねばなりません。

　例えば，家庭の中の暴力や虐待の問題では，子どもへの虐待，配偶者や恋
人への暴力，高齢者や障害者への虐待があります。また，福祉施設等におい
ては，残念なことに職員による利用者への虐待，体罰，身体拘束等も発生し

ています。すべての人々が，安全な環境の中で，安心して自分らしく暮らしていけるように，ソーシャルワーク実践を通して人権と権利を擁護し，利用者と社会に働きかけていくことは最も大切な役割といえます。その際に，利用者に対して加わっている暴力，抑圧，支配等の否定的な力に対して，社会福祉士は利用者の抵抗する力を信じ，彼らの自立性・社会性を保持できるように支援していきます。利用者自身が内にもつ，権利意識や発言力，行動力，可能性等を社会の中で発揮できるように側面から支持し，パートナーとして関わっていくことをエンパワメント，あるいはエンパワリングといいます。

（5）　自己決定の尊重と自立に向けた支援

1）利用者の自己決定と自己選択

　私たちは毎日の生活の中で，どこで何をし，どのように過ごそうかなど自分で考えています。もちろん，それらを決める力が十分に発揮できない人もいますが，自分の生活や生き方を自分で決める権利は，一人ひとりにあります。つまり，自分の生活を選び，決めていく主体は自分自身ということです。そして，その決めたことに自らが責任をもって行動していくことが求められます。

　私たちが実践していくソーシャルワークでは，さまざまな生活課題をもっている利用者がその対象となり，本人や家族の力では乗り越えられない状況の中で援助者による専門的な支援が行われます。しかし，その生活課題をどのように解決していくか，どのような支援を受けて生活していくかなど，最終的に決めていくのは生活の主体である利用者自身です。どのようなサービスを利用しながら，どのように自分の人生を主体的に生きていくかを決める権利と力は利用者自身にある，ということを原則として理解しておきましょう。

　しかし，サービス利用者のすべてが適切に自己決定や選択ができるかというと，そのような状況ではありません。依存的で自己決定に慣れていない人

や自己決定をしてはいけないと思っている人，判断能力が低下し自己決定が適切に行えない人など，支援を必要とする人の存在を見逃してはなりません。特に，わが国においては，本音ではなく，建て前で他人と話をしたり，がまんすることや堪え忍ぶことを美徳とする文化意識が根強く残り，正当な自己主張がなされないことも多くあります。このような文化や風土を一朝一夕に変えることは難しいですが，社会福祉士は利用者が自分の権利を主張してもよいこと，自分らしく生きることをエンパワメント・アプローチにより実践することで利用者へ働きかけ定着させていくことが必要となります。また，自己決定を支える仕組み，例えば，日常生活自立支援事業や成年後見制度などの利用を検討することも考えていく必要があります。

2）自立に向けた支援

　社会福祉士の働きは，生活課題を抱えた利用者や地域住民とともに歩み，その人の抱える問題や地域の問題を見出し，解決する方法を考え，利用者や住民自身が取り組んでいくことを支えることです。自分らしく生きようとする人間の可能性を信じ，利用者の自立した生活が実現するまでパートナーとして傍らに寄り添っていく専門職が社会福祉士です。そこでは，利用者や地域の力を引き出し，強め，その人権と権利を擁護していく役割が求められます。

　そして，そのような支援を通して利用者やその家族が「自分らしく暮らす」ことを目指して，自らの力を発揮して歩んでいけるように支えること，それを一言で表すと「利用者へのヘルプとは，利用者自身が決め，行動できるようにヘルプすること」といえます。「手は出しすぎず，目は離さず」とたとえられるように，それが自立に向けた支援です。皆さんがソーシャル

ワーク実習に行き，目の前にいる利用者の方と向き合い，今，ここで，どのような支援を行うことが自立に向けた支援なのか，立ち止まって冷静に考え行動できることを期待します。

—— 実習で出会った場面「あなたはどう考えますか？」 ——

　　地域包括支援センターへ実習に行った阿部君は，こんな場面に出会った。認知症のお父さんを介護している息子さんから相談があり，担当社会福祉士による面接に同席した時のことです。大変な思いで介護されている息子さんの話の中で，「いずれは自分のものになる親父の財産。親父は認知症でわからないし，財産を取り崩して使っている」という言葉があり，阿部君の心に引っかかった。親子の間なのだから，そういうこともあるだろうな，息子さんは介護のために働いておらず収入がないし……という気持ちと，お父さんが苦労して蓄えてきた財産を認知症のためわからないからと勝手に使うのはどうなのか，息子さんは40代なので自分で収入を得る方法を考えないでいいのだろうか……など，複雑な気持ちが交錯し，利用者の権利について深く考えた。

注
(1)　佐藤俊一「臨床的視点——基礎と専門という発想への問い」丸山晋・松永宏子編『スタートライン臨床福祉学』弘文堂，2006年，23-25頁。
(2)　佐藤俊一『ケアを生み出す力——傾聴から対話的関係へ』川島書店，2011年，22頁。
(3)　足立叡編著「社会福祉基礎構造改革の考え方と課題」『新・社会福祉原論』みらい，2005年，211-221頁。
(4)　岡村重夫『社会福祉原論』全国社会福祉協議会，1983年，98頁。
(5)　中川は著書の中で，患者の問いに対する精神科医の答えを例に，解答ではなく応答であることを指摘している（中川米造『医療のクリニック——〈癒しの医療〉のために』新曜社，1994年，341頁）。
(6)　白澤政和『ケースマネージメントの理論と実際——生活を支える援助のシステム』中央法規出版，1992年，91-92頁。
(7)　新村出編『広辞苑　第6版』岩波書店，2009年，2973頁。
(8)　日本語定義の作業は社会福祉専門職団体協議会と（一社）日本社会福祉教育学校連盟が協働で行った。2015年2月13日，IFSWとしては日本語訳，IASSWは

公用語である日本語定義として決定した。社会福祉専門職団体協議会とは，（NPO）日本ソーシャルワーカー協会，（公社）日本社会福祉士会，（公社）日本医療社会福祉協会，（公社）日本精神保健福祉士協会で構成され，IFSW に日本国代表団体として加盟している。

(9) 日本ソーシャルワーカー連盟とは，日本におけるソーシャルワーカーの倫理を確立し，専門的技能の研鑽，資質の向上を図るとともに，ソーシャルワーカーとしての社会的地位の向上を図るための事業を行い，国際ソーシャルワーカー連盟との連携や日本国としての統一的見解を集約し決定する組織であり，会員には，公益社団法人日本社会福祉士会，公益社団法人日本精神保健福祉士協会，公益社団法人日本医療社会福祉協会，特定非営利活動法人日本ソーシャルワーカー協会の4団体がある。「ソーシャルワーカーの倫理綱領」の中の「ソーシャルワーカー」という表記の部分は，各団体が使用する際に，社会福祉士会であれば「社会福祉士」，精神保健福祉士協会であれば「精神保健福祉士」というように，各団体の倫理綱領として施行される際，本綱領のタイトルに各団体名を使用することについて合意確認されている。

(10) 政府訳は「児童の権利に関する条約」。

参考文献

社団法人日本社会福祉士会編『新社会福祉援助の共通基盤（第2版）上・下』中央法規出版，2009年。

第2章	実習先を決めるまで——実習先を決めよう

　ソーシャルワーク実習の実習施設・機関は，児童養護施設や障害児施設，特別養護老人ホームや老人保健施設，福祉事務所や社会福祉協議会など多岐にわたります。ソーシャルワークの基盤（ジェネリック）は共通していますが，各領域の特性による個別性（スペシフィック）もあります。例えば，児童養護施設や障害児施設では「発達支援」という視点が重要になるでしょう。特別養護老人ホームや老人保健施設，障害者支援施設では「自立支援」に対する理解が不可欠になります。

　皆さんが希望する実習施設・機関を絞り込んでいくためには，まずどのような実習施設・機関があるのかを知り，それらの施設・機関の法的位置づけや特徴，実習の概要や必要な準備等を理解する必要があります。その上で，自分自身の将来像や問題意識を基盤として実習施設・機関を絞り込んでいきます。

　第2章では，各実習施設・機関の概要と実習の特徴を示します。本章を参考にしながら興味を持った施設・機関についてさらに深く学び，各自の将来像や関心にあった実習施設・機関を選んでいきましょう。

1　実習希望先を選ぶ

　対象者の特徴や施設・機関の設置目的を理解しなければ，実習の内容をイメージできません。ですから，実習先を選ぶためには各施設・機関について基礎的な知識を得なければなりません。本章を一つの参考にしながら，他の資料・文献等も活用して基礎知識を充実させましょう。

実習先を選ぶ段階で，なかなか希望先を絞り込めない学生も珍しくありません。学生に尋ねてみると，「実習に取り組む意味がわからなくなった」「本当に社会福祉の仕事がしたいのかわからなくなった」といった答えが返ってくることがあります。これらは実習先を選ぶこと以前の悩みです。このような時は，社会福祉の仕事に興味を持った原点に立ち戻って考えてみると良いでしょう。「ボランティア体験から」「親族に障害者がいたから」「社会問題に関心があったから」「児童虐待のニュースが気になって仕方がなかったから」……とさまざまな思いがあったはずです。その思いを大切にしながら，今後の人生を思い描いてみましょう。きっと一人ひとりに固有の「実習の意味」が浮かんでくると思います。

　中には，「実習に耐えられるか自信がなくて実習先のことまで考えられない」という学生もいます。そのような時は一人で悩みを抱えこまず，実習指導担当教員に相談しましょう。同じような悩みを持っている学生も多いものです。実習指導の授業内で，グループ討議のテーマとして取り上げてもよいかもしれません。心身の障害や疾患によって不安を感じている学生もいますが，事前にはっきりしていれば，実習施設・機関と協議して適切な配慮をお願いすることもできます。

　いずれにしても，実習に耐えられるかどうかは取り組んでみないとわかりません。できることは，真摯に努力することだけです。「できるかどうか」ではなく，「どうしたらできるか」を考えましょう。

　実習先を選ぶ基準がわからないという学生もいます。実習先を選ぶ際の第1の基準は「その領域，実習先に対して興味を持てること」です。興味を持つ理由としては，「将来，その施設・機関で働きたいから」「その施設・機関を取り巻く問題に関心があるから」「その施設・機関の対象者に関心があるから」「その施設・機関についてほとんど何も知らないから」等のさまざまな理由が考えられます。例えば，定期的に特別養護老人ホームでボランティアをしていて，将来も特別養護老人ホームで働きたいけれど，だからこそ見

識を広げる意味も込めてこの実習では福祉事務所での実習を希望するという選び方もあり得ます。同じ背景を持つ人であっても，「だからこそ特別養護老人ホームでの実習を希望する」という人もいるでしょう。どちらの理由も十分にあり得るものです。選ぶ理由も大切ですが，何より明確な理由を持って選ぶことが重要です。

　実習したい領域は絞り込めたが，個別の施設・機関の特徴がわからないため，どの施設・機関がよいかわからないということもあります。そのような時は，過去の実習生が書いた実習報告書が参考になります。そのほか，実習指導担当教員や実習教育センターに尋ねてみるのも良いでしょう。施設・機関によっては，事前に見学をお願いできるところもあります。

　実習施設・機関を選ぶ際には，通学に要する時間や交通機関の状況を十分に確認する必要があります。特に居住型施設の場合，職員の勤務が変則勤務となっていることが多く，実習時間も変則となることがあります。このため「早番」勤務だと午前7時から実習開始，「遅番」勤務だと実習終了時刻が午後8時というようなこともあります。そのような時間に通学することができるか，公共交通機関の時刻表を確認します。なお，各実習施設・機関の実習時間は，実習教育センターに備えられている実習施設に関する情報のファイルで確認します。

　第1希望の実習希望施設・機関が決まったら，第2希望，第3希望と順次決めていきます。各実習施設・機関において同時に受け入れられる実習生は1〜5名程度という例が多いため，他の学生と希望が重なり，希望通りの配属が受けられないことがあるためです。

　大学の実習教育センターには，実習報告書や実習受け入れ条件等のさまざまな資料や情報があります。事前学習に役立てられるような書籍や映像資料も蓄積されています。実習に関する相談にも応じてくれます。実習教育センターを積極的に利用して，実り多い実習となるようにしましょう。

2 実習施設・機関の特徴

　本節では，各種の実習施設・機関について基本的な事項を説明します。これを参考にして，興味を持った施設・機関についてさらに調べ，各自の実習希望先を絞り込んで下さい。なお，実習が可能な施設・機関は非常に多岐にわたるので，ここでは主な施設・機関を取り上げています。

（1）児童養護施設

　児童福祉法第41条に「児童養護施設は，保護者のない児童〔中略〕，虐待されている児童その他環境上養護を要する児童を入所させて，これを養護し，あわせて退所した者に対する相談その他の自立のための援助を行うことを目的とする施設」と規定された施設です。児童の入所措置は，児童相談所長の判断に基づいて，都道府県知事が決定します（児童相談所を設置した政令市，中核市，児童相談所設置市（特別区を含む）では，各市（区）長による決定となる）。

　入所の対象となるのは，原則として乳児を除く18歳未満の児童で，「保護者のない児童，虐待されている児童その他環境上養護を要する児童」です。「環境上養護を必要とする児童」とは，保護者が長期に行方不明であったり，刑に服していたり，保護者が心身の病気や障害によって養育が困難であるような児童をいいます。近年では，保護者のない児童は少なく，虐待を受けた児童や適切な保護が受けられなかった児童が多数となっています。

　児童養護施設には，児童指導員，嘱託医，保育士，栄養士，調理員を置くこととされていますが，この他に心理療法担当職員や家庭支援専門相談員を配置している施設もあります。

　社会福祉士を目指す学生の実習では，児童指導員としての実習が中心になります。児童指導員は，洗面，食事，衣服の着脱，排せつ等の生活習慣を身に付けさせるための指導や，社会のルールやマナーを学ばせるための指導と

ともに，指導・育成計画の立案や施設内の調整，保護者や学校，児童相談所
との連絡業務等を担っています。また，家庭支援専門相談員としての実習も
想定されます。家庭支援専門相談員は，児童の早期家庭復帰を目指して，児
童相談所と連携しながら，児童の保護者に対して相談・指導等の支援を行う
職員です。

　実習では，児童たちと適切に関われるようになることが一つの関門です。
虐待や不適切な養護を受けてきた児童が多いことから，大人への怒りや不信
感を抱えた児童も珍しくありません。些細なことでも過剰に反応して「かん
しゃく」や「パニック」を起こす児童もいます。また保護者から切り離され，
多くの児童が共に生活している環境の中なので，自分に注目してほしいと強
く思っている児童もいます。そのような中で「適切に関わる」というのは簡
単なことではありません。また，児童に調理や裁縫，掃除や洗濯等のさまざ
まな生活スキルを指導する必要もあることから，実習生にもある程度の生活
スキルが求められます。調理や裁縫等の基礎的な家事能力は身に付けておく
と良いでしょう。

（2）母子生活支援施設

　児童福祉法第38条に「配偶者のない女子又はこれに準ずる事情にある女子
及びその者の監護すべき児童を入所させて，これらの者を保護するとともに，
これらの者の自立の促進のためにその生活を支援し，あわせて退所した者に
ついて相談その他の援助を行うことを目的とする施設」と規定された施設で
す。

　入所の対象となるのは，18歳未満の児童を養育している母子家庭，または
何らかの事情で離婚の届出ができない等，母子家庭に準じる家庭の女性が，
児童とともに利用できる施設で，必要に応じて児童が20歳になるまで引き続
き利用することが可能です。離婚による生活困難，未婚で出産し就労が困難，
夫の行方不明等が理由になりますが，最近では夫からのDV被害が最も多く，

また児童が虐待を受けている，母に精神的障害がある等，多様で複雑な課題のある母子家庭の利用が多くなっています。

職員配置としては，母子支援員，少年指導員，保育士，嘱託医及び調理員等を置かなければならないとされていますが，そのほか利用者への支援においては心理療法担当職員を置かなければならない場合があります。

社会福祉士を目指す学生の実習では，母子支援員としての実習が中心になりますが，多様な課題を持つ母親に対する支援はたいへん難しい面があるため，少年指導員として児童に対する学習や生活習慣を身に付けられるような行事に参加するなど，児童の日常生活の援助を中心に人間関係をうまく保てるような支援を行うことになります。児童たちも児童養護施設の入所児童と同様に虐待を受けてきたり，母親が虐待を受けている状況を目の当たりにしてきているので，それらの精神的に不安定な児童たちに対する受容的な関わりが必要となります。資格要件のある母子支援員の仕事としては，法的な手続きや関係機関との調整，母親に対する指導，親族関係の改善，日常の育児・家事の相談，また就労援助等ですが，多様な課題を抱えている母親と実習生が関わることは，非常に難しい場合が多いようです。

実習生のスキルとしては，児童と遊べること，学習支援ができることが前提ですが，そのほか課題のある児童に対する支援のためにもコミュニケーション技法は重要になります。また，制度の知識についても事前に学んでおくことが必要なことはいうまでもありません。

（3）医療型障害児入所施設

　2012（平成24）年4月1日施行の改正児童福祉法によって，「障害児入所施設は，次の各号に掲げる区分に応じ，障害児を入所させて，当該各号に定める支援を行うことを目的とする施設とする」（法第42条）と規定され，「福祉型障害児入所施設」（法第42条1号）と「医療型障害児入所施設」（法第42条2号）へと再編成されました。医療型障害児入所施設には，改正前の児童福祉法において第1種自閉症児施設，重症心身障害児施設，肢体不自由児施設であった施設が含まれます。

　医療型障害児入所施設は医療による援助を必要としている児童に対する施設であるため，医療施設と福祉施設の2つの側面を持っていて，職員として医師，看護師，児童指導員，保育士，心理指導を担当する職員，理学療法士または作業療法士，児童発達支援管理責任者，栄養士，調理員などが配置されます。いずれの施設においても，社会福祉士は児童指導員として児童と関わるほか，児童の保護者や児童相談所，医療機関等との協議や連携，ボランティアの育成や募集，地域との交流の促進等にも携わります。社会福祉士を目指す学生の実習では，児童指導員としての実習が中心になります。

　児童福祉法は改正されましたが，各施設は改正以前の特徴を引き継いでいるので，改正前の児童福祉法における施設種別に沿って説明していきます（そのため，施設種別名の前に「旧」という文字を加えてあります。福祉型障害児入所施設においても同様です）。

1）旧・肢体不自由児施設

　重度の肢体不自由（四肢，体幹の障害）を持った児童のための入所施設です。入所している児童に対して必要な治療やリハビリテーションを行い，日常生活の指導を行います。実際には，肢体不自由がある児童だけでなく，先天的な知的障害や視覚障害，言語障害などを併せ持つ児童が多数となっています。現在では，経管栄養が必要な児童も珍しくありません。入所者の年齢構成は18歳未満の児童が多数となっており，旧・重症心身障害児施設とは異なる特

徴を持っています。

　入所した児童は必要に応じて医師の診療や各種検査を受け，理学療法や作業療法，言語療法等の訓練を受けたり，幼児であれば保育を受け，学齢時であれば特別支援学校での教育を受けることになります。手術やリハビリテーションを目的として入所している児童の他に，保護者が子どもの障害を受け止めきれずに，適切に養護できないために入所してくる児童もいるため，障害そのものへの対応に加え，保護者と児童双方への精神的な支援も重要な職務になります。

　実習は児童と関わることからスタートすると思われますが，児童と関わるためにも面接技術に加えて介助技法の基本を理解しておくとよいでしょう。介助そのものがコミュニケーションチャンネルであるような場合もよくあります。実習では対象者の生活介助に関わったり，集団活動やさまざまなセラピー，訓練に関わることが多くあると思われます。時期が合えば，季節ごとの行事への参加もあるでしょう。

　医療型障害児入所施設は特に多様な職種の職員が連携・協働しながら援助にあたっている施設であり，それぞれの職種に関する基礎知識も必要です。そのほか，障害の原因となっている主な疾患に関する基礎知識も学んで実習に臨みましょう。

　日常生活の中では重度の障害を持った児童に接する機会がないため，初めてその様子を目にした時に衝撃を受ける可能性もあります。実習を希望するのであれば，実習前に見学やボランティア等で実際の現場を訪問しておくとよいと思われます。

2）旧・重症心身障害児施設

　重度の肢体不自由と，重度の知的障害を併せ持った児童のための施設で，その児童を保護するとともに必要な治療を行い，日常生活の指導をする施設です。脳性麻痺や先天性代謝異常，染色体異常，事故や疾病による脳の損傷などによって重度の重複障害となった対象者が入所しています。ここで「児

童」としないで，「対象者」としたのは，旧・重症心身障害児施設では入所者の90％近くが18歳以上となっており，18歳未満の児童は少数であるためです。福祉施設であるとともに医療機関としての機能も持っており，医師や看護師も配置されています。

　入所している対象者は，重度の肢体不自由によって移動や食事，排泄，着替え，入浴，洗面などに介助を必要としており，呼吸管理や経管栄養を用いた栄養管理を必要としている対象者もいます。内臓の機能に障害がある対象者や筋肉・骨格に関わる医療援助を必要としている対象者もいます。同時に重度の知的障害もあるため，自己表現の難しさやコミュニケーションの難しさを持った対象者も多数います。そのような対象者と関わるため，わずかな変化をとらえられる観察力や多様なコミュニケーション能力，援助方法を開発していく発想力などが要求される実習先といえます。介助を通じて対象者と関わることも多いため，実習前には基礎的な介助技法を学んでおくとよいでしょう。

3）旧・第1種自閉症児施設

　医療を含む特別な療育が必要な自閉症を主な症状とする児童を対象とした施設ですが，全国に5カ所しかありません。このため実習施設としては想定しにくいと思われますが，実習する際には自閉症児に関する事前学習が不可欠となります。自閉症児は独特のこだわりや興味の偏り，独特の表現・コミュニケーションなどの特徴があります。そのような児童に対してコミュニケーション方法の習得や人間関係を作るスキルの獲得，生活習慣の確立などを目指した支援が期待されています。また，児童の保護者が適切にコミュニケーションできるように支援していくことも重要で，事前学習では家族の思いや希望，悩みなどについても学んでおくと良いでしょう。

（4）福祉型障害児入所施設

　福祉型障害児入所施設には，改正前の児童福祉法で規定されていた知的障

害児施設，第2種自閉症児施設，盲・聾唖児施設，肢体不自由児療護施設であった施設が想定されます。法律上は「保護，日常生活の指導及び独立自活に必要な知識技能の付与」を目的とする施設として統合されていますが，知的障害児施設（入所・通園），第2種自閉症児施設，盲・聾唖児施設，肢体不自由児療護施設から移行しているので，各施設は対象者に即した特徴を持っています。ここでは改正前の施設種別に沿って各施設の特性を示します。いずれの施設でも，社会福祉士を目指す学生の実習では，児童指導員としての実習が中心になります。

1）旧・知的障害児施設

知的障害があり，入所して訓練を受ける必要がある児童，家庭状況などから保護者による監護が適当でない児童の保護を行い，自立や社会復帰に必要な療育を行う施設です。

学齢児は施設で生活しながら学校に通います。施設では療育を行い，それらを通して自主性の育成や生活習慣の獲得を目指します。より具体的には，着替えや排泄，身だしなみ，物品の片づけ等の基本的な身辺処理技術の習得，集団への適応力の向上，社会生活への適応力の向上，生活能力の向上等を目指します。この施設でも18歳以上の「過年齢児」が多くいます。

在宅の障害児（者）の地域生活を支援するため，療育に関する相談や各種サービスの提供の援助を行う，障害児（者）地域療育支援事業の拠点施設としても期待されています。

実習では，日常生活場面で対象者と関わることが多く，その関わりを通して対象者の特性やニーズを理解し，発達支援に向けた援助技術を理解していくことになります。そのほか，家族との面接，医療機関や児童相談所などの関係機関との調整等の場面に同席することもあると思われます。

2）旧・第2種自閉症児施設

自閉症を主な症状として施設入所が必要な児童を対象として，自立に向けて必要な知識や技能を与える施設です。第2種自閉症児施設であった施設は

全国に３カ所しかないので，一般的には実習施設としては想定しにくいと思われます。

　実習に臨むためには，自閉症に関する基礎知識を学習しておくことが不可欠です。自閉症児は，独特のこだわりや興味の偏り，独特の表現・コミュニケーションなどの特徴があります。第２種自閉症児施設でも第１種自閉症児施設と同様に，そのような児童に対してコミュニケーション方法の習得や人間関係を作るスキルの獲得，生活習慣の確立等を目指した支援が期待されています。また，児童の保護者が適切にコミュニケーションできるように支援していくことも重要で，事前学習では家族の思いや希望，悩み等についても学んでおくと良いでしょう。

3）旧・盲児施設

　目が全く見えないか，少し見えても日常生活が困難な児童のための入所型施設です。視覚障害をあわせもつ知的障害児を対象とする施設もあります。日常生活の介護，援助や生活指導を行いながら，生活訓練や機能訓練，作業訓練等，子どもたちが将来自立して生活していくために必要な知識や能力を獲得できるように指導や援助を行っています。

4）旧・ろうあ児施設

　耳が全く聞こえないか，少し聞こえても日常生活が困難な児童のための入所型施設です。日常生活の介護，援助や生活指導を行いながら，生活訓練や機能訓練，作業訓練など，子どもたちが将来自立して生活していくために必要な知識や能力を獲得できるように指導や援助を行っています。

5）旧・肢体不自由児療護施設

　治療のために病院に入院する必要はないものの，その障害のために家庭での養育が困難な肢体不自由児を対象とした入所型施設です。肢体不自由児施設との相違点は，病院としての機能がないことで，日常生活の介護や援助が必要な児童を対象としています。

　実習の特徴は医療型障害児入所施設と共通しますので，上記を参照して下

さい。

（5）福祉型児童発達支援センター

　保護者のもとから通園できる障害児を対象とした施設で，主に就学前の児童が利用しており，日常生活における基本的な動作の指導，集団生活への適応訓練，学習指導，運動訓練，感覚訓練などを行っています。また，地域の中核的療育支援施設として，保護者への相談支援や障害児を預かる施設への援助・助言なども期待されています。

　社会福祉士を目指す学生の実習では，児童指導員としての実習が中心になります。実習の特徴は障害児入所施設と共通しますが，実習では日常生活場面で対象者と関わることが多く，その関わりを通して対象者の特性やニードを理解し，発達支援に向けた援助技術を理解していくことになります。そのほか，家族との面接，医療機関や児童相談所などの関係機関との調整等の場面に同席することもあると思われます。

（6）障害者支援施設

　障害者総合支援法（「障害者の日常生活及び社会生活を総合的に支援するための法律」）により，「障害者支援施設」としてまとめられていますが，対象となる「障害者」には身体障害者，知的障害者，精神障害者，難病により障害がある者が含まれます。

　障害者総合支援法では，自立支援給付として，介護給付（居宅介護，重度訪問介護，同行援護，行動援護，重度障害者等包括支援，短期入所，療養介護，生活介護，施設入所支援）と訓練等給付（自立訓練，就労移行支援，就労継続支援，就労定着支援，自立生活援助，共同生活援助）が規定されています。各施設はこれらの給付の中のいくつかの事業を実施しています。このため一口に障害者支援施設といっても，具体的な事業内容はさまざまです。また，就労継続支援を中心として実施している施設でも，主な対象者が精神障害者である施設もあ

┌─── ある学生が実習施設を決めるまで① ───
│　　──将来を考えて特別養護老人ホームを選びました
│
│　高校時代に，生活費が足りなくて命を諦めようとする高齢者がいるという報道
│を見て，高齢者福祉に関わる仕事をしたいと思って社会福祉学科に入学しました。
│卒業後は，特別養護老人ホームの相談員や地域包括支援センターの職員として働
│きたいと考えています。
│　実習先は，高齢者に直接関わる実習が良いと考えて，特別養護老人ホームでの
│実習を希望しました。地域包括支援センターでの実習も考えましたが，私は要介
│護高齢者と関わったことがないので，そんな自分が在宅生活支援の相談機関に行
│ってもいわゆる「お客さん」になるだけではないかと考えました。それよりも要
│介護の高齢者と直接的に関わっていく実習の方が学ぶことが多いと考えました。
│　特別養護老人ホームの実習先はたくさんあったので，通う距離が短いことと，
│ユニット型施設であることを基本に考え，第1希望の施設を決めました。その法
│人は地域包括支援センターの運営も受託していて，先輩の実習報告書では地域包
│括支援センターでの実習も含まれていることも魅力でした。以下，第2，第3希
│望も特別養護老人ホームとしました。第1〜第3希望以外の特別養護老人ホーム
│は通学距離が遠くなってしまうため，第4志望は老人保健施設としました。
└────────────────────

れば知的障害者である施設もあります。同様に入所施設サービスの生活介護
を実施している施設であっても，主な対象者を視覚障害者としている施設も
あれば，肢体不自由者としている施設もあります。

　以上のような特性から，障害者支援施設での実習を考える時には，主な対
象者と主な事業を絞り込み，その後に具体的な施設を選んでいくことになり
ます。そのため，選ぶ際には各施設の特徴をしっかりと調べる必要がありま
す。

　いずれの施設を選ぶとしても，対象者の特性に応じた事前学習が欠かせま
せん。基礎疾患に関する知識や行動支援に関する知識・技能などを学んでお
きましょう。また，「障害学」と呼ばれる領域がありますが，自立の理念や
「障害」を理解する枠組み，障害者と援助者・支援者との関係性，社会リハ
ビリテーションなどについても事前に学んでおきます。

社会福祉士を目指す学生の実習では，生活支援員としての実習が中心になります。実習では，対象者と直接的に関わりながら学んでゆくことが多くなりますが，関わりの中からコミュニケーション能力を育て，対象者を理解し，ニードを理解していきましょう。さらに，他職種との連携や他機関・家族との連携や個別援助計画の立案等，社会福祉士としての課題にも取り組んでいきましょう。

（7）特別養護老人ホーム

　老人福祉法第20条の5に「第11条第1項第2号の措置に係る者又は介護保険法の規定による地域密着型介護老人福祉施設入所者生活介護に係る地域密着型介護サービス費若しくは介護福祉施設サービスに係る施設介護サービス費の支給に係る者その他の政令で定める者を入所させ，養護することを目的とする施設」と規定されています。

　入所の対象となる者は，65歳以上の者であって，身体上又は精神上著しい障害があるために常時の介護を必要とし，かつ，居宅においてこれを受けることが困難なものを措置することになっていますが，現実には介護保険制度における指定介護老人福祉施設として，介護保険の要介護認定において要介護3以上の者が対象となります。つまり，特別養護老人ホームは，老人福祉法に基づく老人福祉施設と介護保険法に基づく介護保険施設という2つの顔を持っており，介護保険法に基づく利用が優先されることになります。ただし，近年では高齢者虐待を受ける高齢者も増加しており，居宅における虐待者との分離を目的とした行政（市町村）の措置による入所も増えてくるでしょう。

　職員配置としては，施設長，医師，生活相談員，介護職員又は看護師若しくは准看護師，栄養士，機能訓練指導員，調理員，事務員その他の職員で，このほか介護保険のサービスを提供するため（サービス事業者の指定を受けるため）には，必ず介護支援専門員を配置しなければなりません。

　社会福祉士を目指す学生の実習では，生活相談員としての実習が中心になります。家族との面接等を直接行うことは難しいですが，実習指導者の面接場面に同席させてもらったり，さまざまな会議等に出席させてもらい生活相談員の仕事をみることができるでしょう。直接的な体験としては，利用者とのコミュニケーションを通して，さまざまな情報を集め，生活課題を明らかにする中で，支援計画を立てることができます。また，施設によっては 身体介護を行う実習を伴うこともありますが，その場合は，身体介護を通して利用者の身体的状況を把握するとともに，コミュニケーション能力を高めたり，ニード理解を深めたりしながら支援の方法についても学んで下さい。

　そのほか利用者との関わり以外においても，専門職間の連携や地域との関わり，併設されている在宅サービスについて学ぶこともでき，地域における社会資源としての位置づけや役割を学ぶこともできるでしょう。

　事前学習においては，高齢者に関する制度的知識はもちろんのこと，高齢者が罹る病気，認知症の症状，介護の知識等も事前に学んでおく必要があります。また，レクリエーション等を実習生が企画する体験をさせてくれる実習施設もありますから，事前にプログラム等の準備などをしておくとよいでしょう。

（8）介護保険法における特定施設

　介護保険法第8条第11項において定められており，有料老人ホームその他厚生労働省令で定める施設である養護老人ホーム，軽費老人ホーム，適合高齢者専用賃貸住宅等において，「入居している要介護者について，当該特定施設が提供するサービスの内容，これを担当する者その他厚生労働省令で定

める事項を定めた計画に基づき行われる入浴，排せつ，食事等の介護その他の日常生活上の世話であって厚生労働省令で定めるもの，機能訓練及び療養上の世話」を行う施設です。

この特定施設については，2006（平成18）年度より大きく2種類に分けられました。一つは一般型特定施設で，有料老人ホームや軽費老人ホーム等に介護保険の介護サービスが付いているというものです。もう一つは，外部サービス利用型の特定施設で，養護老人ホームや有料老人ホームなどの利用者に対して，施設が外部の居宅サービスと契約してサービスを利用できるようにしている施設です。それぞれ性格がかなり異なるため，ここでは一般型特定施設について説明します。

一般型特定施設の職員配置基準としては，生活相談員，看護職員，介護職員，機能訓練指導員，計画作成担当者（介護支援専門員），常勤管理者となっています。一般型特定施設の場合，住宅型の施設に併設されていることも多く，加齢に伴い介護サービスが必要となった場合でも環境を大きく変えることなく住み続けることができます。

社会福祉士を目指す学生の実習は特別養護老人ホームの場合と同様になると想定されますが，各施設によって利用者の状態も多様ですから，対象者の状態に合わせて実習内容も異なってくるでしょう。

（9）介護老人保健施設

介護保険法第8条第28項に基づく施設で「要介護者…〔中略〕…に対し，施設サービス計画に基づいて，看護，医学的管理の下における介護及び機能訓練その他必要な医療並びに日常生活上の世話を行うことを目的とする施

設」とされています。

　入所対象者は，介護保険の要介護者ですが，サービスが「看護，医学的管理の下で」行われることから，福祉施設では対応が難しい医療ニーズの高い方が利用されていることもあります。

　職員配置基準は，医師，薬剤師，看護・介護職員，支援相談員，理学療法士，作業療法士または言語聴覚士，栄養士，介護支援専門員，調理員，事務員その他の従業者とされていますが，特別養護老人ホームと異なるのは，医師や看護職員や理学療法士などの医療職の配置が多く，また医療法人で運営され病院や診療所に併設されている施設が多いために，医療施設の特徴を持った施設であるという点です。

　社会福祉士を目指す学生の実習では，支援相談員としての実習が中心になりますが，サービスにおいても「看護・医学的管理の下における……」と規定されているように，多数の看護・医療の専門職が関わっており，それぞれの専門職間の役割や連携を意識しながら取り組む必要があります。

　また，介護老人保健施設は制度導入時から家庭復帰を目的とした中間施設として位置づけられていました。併設病院等から退院した患者が家庭に帰る前に一時的にリハビリをした上で，家庭へ戻るというものですが，2012（平成24）年の介護報酬の改定においても家庭復帰を促進するために地域連携クリティカルパスが導入されており，入所されている方が地域に移行するための地域連携を視野に入れながらサービスをみていく必要があります。ただし，施設によっては，入所者の要介護度が重度の方が多かったり，医療的ニーズの高い入所者が多かったりするために，病院の治療的機能と特別養護老人ホームの介護を中心とした生活支援の中間的な性格を担っている施設も少なくありません。

　以上の特徴を踏まえて，実習においては特別養護老人ホームと同様に，生活場面でコミュニケーションを取りつつ利用者への支援計画を立てる等のさまざまな取り組みができるものと思います。

　事前学習では，特別養護老人ホームと同様に制度やコミュニケーション技
術はもちろんのことですが，医療系専門職が多いことから，高齢者特有の病
気の知識や各専門職の業務や役割等について事前に理解しておく必要があり
ます。

(10) 児童相談所

　児童福祉法第12条に基づく行政機関で，都道府県と指定市に設置が義務づ
けられており，特別区と中核市は任意設置となっています。業務は次の５つ
で，その運営は「児童相談所運営指針」に基づいて行われています。

　　①　相　　談：子どもの福祉に関する様々な相談に応じる。
　　②　調査・診断・判定：相談や通告に対して，社会診断や心理診断，医
　　　　　　　　　　　　　学診断や行動診断をもとに，判定会議や援助方
　　　　　　　　　　　　　針会議により援助方針（プランニング）を作成す

る。
③　援　　助：子どもや保護者等に対して行う援助で，その方法は在宅
　　　　　　　指導，児童福祉施設等への入所措置，里親委託，家庭裁判
　　　　　　　所送致，家事審判の申立て等がある。
④　一時保護：一時保護所での，子どもの保護と行動状況の把握。
⑤　市町村への援助：市町村相互間の連絡調整や情報提供，市の福祉事
　　　　　　　　　　務所や町村役場では対応困難な，要保護性の高い
　　　　　　　　　　児童への援助。

　児童相談所には所長，児童福祉司，児童心理司，医師や弁護士等が，また一時保護所には児童指導員，保育士等が配置されています。
　このうち社会福祉士を目指す学生の実習では，児童福祉司や児童指導員として実習を受けます。児童福祉司は子どもに関する相談に応じて，子どもや家族に対して援助を行っており，児童指導員は一時保護所において，子どもの生活指導や学習指導等を通して，一時保護中の子どもの行動観察を行っています。
　児童相談所は子ども家庭福祉に関する専門的な相談機関であると同時に，地域の中核的な行政機関でもあるので，「法の適正な執行」という行政機関の役割と機能についての理解が必要です。特に，子ども虐待に関する安全確認，立入調査や出頭要求，家庭裁判所に対する施設入所承認や親権の一時停止の家事審判請求等への強制介入，法的対応等に関する理解が不可欠となります。
　また，一時保護所で子どもと接する際には，子どもの健全な成長や発達を支援するという観点をもつことが必要です。単に子どもと遊んでいればよいわけでなく，児童指導員や保育士が子どもにどう関わっているのか，その意味についても関心をもつ必要があります。

（11）福祉事務所——市・特別区が設置する福祉事務所

　社会福祉法第14条第1項により，都道府県・市・特別区は義務設置であり，第3項により町村は任意設置とされています。ほとんどの町村には福祉事務所が設置されていないので，設置されていない町村を管轄するのが「都道府県（郡部）福祉事務所」です。また市・特別区に設置されている福祉事務所は，一般的に「市部福祉事務所」と呼ばれています。ここでは設置数の多い「市部福祉事務所」について説明します。

　同法第14条第6項には市部福祉事務所の業務は福祉六法に関する援助と規定されていますが，他に介護保険法による申請の受理や認定調査，介護認定審査会に関する業務，精神障害者や婦人保護，民生委員や社会手当等の，福祉六法の隣接領域の業務も担っている福祉事務所が多いのが実情です。

　福祉事務所には所長，査察指導員，現業員が配置されていますが，福祉六法に関するソーシャルワーク実践を行っている現業員がソーシャルワーカーと位置づけられています。よって，社会福祉士を目指す学生の実習では現業員として実習を受けますが，福祉事務所では一般的に「ケースワーカー」と呼ばれています。なお，社会福祉法第15条第6項に現業員は社会福祉主事でなければならないとあり，資格取得者でなければ業務を担うことができないとされています。

　福祉事務所では実習配属先の課・係によって，実習内容が「生活保護が中心」「福祉六法全般」「複数の領域」等に分かれます。つまり配属先によって実習内容が違うので，配属先に沿った実習課題を個々に計画する必要があります。また，福祉事務所が所管している社会福祉施設での実習もありますので，そのための事前学習も必要となり，社会福祉各領域の専門知識と技術が求められます。

　このように福祉事務所の場合，配属先によって実習内容が異なりますが，どこに配属されたとしても「ソーシャルワーカーによるソーシャルワーク実践から福祉事務所の役割や機能を学ぶ」という共通した実習課題があり，実

習中は共通課題と個々の実習課題の両方を意識しておくことが大切です。

（12）社会福祉協議会——市区町村社会福祉協議会

　社会福祉法第109〜111条に基づき設置されています。市区町村社会福祉協議会（市区町村社協）は，民間社会福祉活動の増進を目的とした社会福祉法人で，地域住民，民生委員・児童委員，社会福祉法人（福祉施設）等の社会福祉関係者，保健・医療・教育など関係機関の参加・協力のもと，誰もが住み慣れたまちで安心して生活できるよう「福祉のまちづくり」の実現を目指し，さまざまな活動・事業が展開されています。市区町村社協のほか，都道府県を単位とする都道府県社会福祉協議会，全国を単位とする全国社会福祉協議会があり，全国ネットワークを有しています。

　地域住民に最も身近なのが，市区町村社協で，①相談支援（日常生活自立支援事業の実施や，生活困窮者自立支援制度，地域包括支援センター等の行政からの委託等を含めた福祉総合相談），②ボランティア・市民活動センター，福祉教育の推進，③高齢者，障害者，子ども等への福祉サービスの実施，④その他，共同募金運動への協力など，全国的な取り組みから地域の特性に応じた事業の創出まで，地域における社会福祉の増進に取り組んでいます。災害ボランティアセンター運営や，生活福祉資金貸付制度など，災害時や経済の不安定が生活に影響を及ぼす際の緊急的な支援も社協で実施されています。実習では，福祉サービス利用者，住民，関係機関との関係形成を経験しながら，個別支援と地域づくりを一体的に進めていくソーシャルワークを学びます。

　この他にも，介護予防に関連し生活支援体制の整備等を進める地域包括ケアシステム，経済的困窮や社会的孤立への地域づくりを進める地域共生社会を目指す21世紀において，社協は以前から，小地域福祉ネットワーク活動や，高齢者や障害者，子育て中の親子等が気軽に集える「ふれあい・いきいきサロン」といった見守り活動や居場所づくりを地域住民の参加と協働を通じ展開しています。

実習生は，主に市区町村社協の事務局に配属され，社協の事業・活動を通して，地域を基盤としたソーシャルワークを実習します。特に，社会資源とのネットワーク形成や社会資源の開発を通したソーシャルワークの展開を学ぶよい機会になります。このことから，社会福祉各領域の専門知識，技術の事前学習は不可欠です。また，市区町村社協は全国で同じ事業を展開しているわけではなく，市区町村によって事業内容がさまざまにあるため，事前学習，実習計画の作成においては配属先の市区町村社協の事業・活動をよく理解することを心がけましょう。

(13) 地域包括支援センター

介護保険法第115条の46により設置されている相談機関で，運営は市町村の直接運営，または社会福祉法人や医療法人等への委託で行われています。同条には「地域住民の心身の健康の保持及び生活の安定のために必要な援助を行うことにより，その保健医療の向上及び福祉の増進を包括的に支援することを目的とする」と規定されています。

同法第115条の45には「地域支援事業」として，①介護予防・日常生活支援総合事業（総合事業），②総合相談・支援，③権利擁護事業，④包括的・継続的ケアマネジメント支援を定めており，これら4つの事業により地域包括ケアを目指す拠点が地域包括支援センターです。なお，この施設は，2005（平成17）年の介護保険制度の見直しにおいて，従来の在宅介護支援センターが再編成され，2006（平成18）年4月より設置されたものです。

地域包括支援センターには社会福祉士，保健師，主任介護支援専門員が配置されており，各専門職がその専門性を発揮しながら，連携・協力して4つの事業を行っており，そこでは「チームアプローチ」の考え方を大切にしています。

社会福祉士を目指す学生の実習では，当然のことながら社会福祉士として実習を受けます。なお，地域包括支援センターは職種名称（業務内容としての

社会福祉士）と資格名称（必要な資格としての社会福祉士）が一致している唯一の相談機関です。

　実習にあたっては社会福祉各領域の専門知識や技術が必要です。特に高齢者福祉制度，介護保険制度，権利擁護事業等の内容，ソーシャルワークの基本理論やアプローチ方法，基本的な疾患に関する知識も求められます。

　また，「3人の専門職」が「4つの業務」をチームアプローチで行うので，各専門職の業務についても学習しておくことが必要ですし，その地域包括支援センターが管轄している生活圏域の地域性等も把握しておくことが重要です。

（14）　医療機関

　医療機関は，医療を提供する施設を指し，医療法に規定されています。医療機関は，病院と診療所に分けられ，「病院」は20人以上の患者を入院させる施設，「診療所」は19人以下の患者を入院させる施設または入院施設を持たないものと規定されています（第1条の5）。病院の類型には，一般病院の他，特定機能病院（高度な医療技術の開発および医療研修を目的），地域医療支援施設（地域の病院や診療所の後方支援），臨床研究中核病院（臨床研究の実施の中核的な役割を担う），精神科病院等があります。さらに病院には「一般病床」「療養病床」「精神科病床」「感染症病床」「結核病床」の5つの病床種別があり，人員配置と構造設備基準が設けられています。医療機関にかかった経験を思い浮かべて下さい。私たちの生活と医療機関が身近だと気づくはずです。

　社会福祉士の実習では法令指定施設に「医療法による病院・診療所」があります。医療機関は医療サービスの提供を第1の目的とし，その目的を達成するために福祉サービスの提供やソーシャルワーク支援を行う第2次分野です。

　医療機関での福祉の専門職「医療ソーシャルワーカー（MSW: Medical Social Worker）」を聞いたことがあると思います。日本医療社会福祉協会は「保健

医療機関において，社会福祉の立場から患者さんやその家族の方々の抱える経済的・心理的・社会的問題の解決，調整を援助し，社会復帰の促進を図る業務を行います」と定義しています。主な業務は，①療養中の心理・社会的問題の解決，調整援助，②退院援助，③社会復帰援助，④受診・受療援助，⑤経済的問題の解決，調整援助，⑥地域活動です。⁽¹⁾

　実習では，①〜⑥の業務や役割を学ぶことになります。加えて医療ソーシャルワーカーの業務や役割を学ぶ鍵は2つの「連携」です。第1は医師，看護師，理学療法士，作業療法士，薬剤師等の専門職と医療チームの一員として「連携」をとりながら業務を行う，第2は他の機関・施設や他機関の専門職と「連携」をとりながら業務を行う，です。

　実習の事前学習として実習機関の機能，特徴，地域性だけではなく，他の専門職の業務と役割，実習機関に関係する機関・施設を調べておく必要があります。高齢，児童，障害，低所得などの領域で実習する人にも医療・保健・福祉の連携が欠かせないため社会資源の一つとして医療機関の理解は必要です。

　その他，2019（令和元）年の「社会福祉士養成課程における教育内容等の見直し」において実習施設が拡充されています。例えばこれまで対象とされていなかった都道府県社会福祉協議会や教育機関（スクールソーシャルワーカー），地域生活定着支援センター等，社会福祉士国家試験の受験資格に係る実務経験として認められる施設等と同等の施設に拡充されるとともに，法人が独自に実施する事業等の場においても可能となりました。

　しかし，各社会福祉士養成校において実習が可能な施設は，実習現場における実習指導の要件を満たす者が配置されていること，社会福祉士養成校ご

とに地方厚生局に届け出がなされている施設になります。

　実習生は配属先施設を選択する際には，実習が可能かどうか各養成校の実習担当者に確認して下さい。

3　社会福祉に関わる専門職資格

（1）社会福祉士

　社会福祉士及び介護福祉士法第2条第1項に社会福祉士の定義が規定されています。しかし，条文は少々わかりにくいので，次のようなやさしい文章にしてみました。条文と比較しながら読んで下さい。

> 「社会福祉士とは，この法律の第28条に基づいて登録をしている者であり，社会福祉士の有資格者として，専門的知識と技術を活用しながら次の仕事を行うものです。仕事の対象者としては，体や心に病気や障害をもっているために日常生活を送るのが困難な方，生活している環境上の理由により日常生活を送るのが困難な方です。それらの方に対して，福祉サービスに関係した相談を受けたり，その相談に対してアドバイスや指導をしたり，関係者との連絡や調整をしたりするのが仕事であり，法律ではこれを相談援助（ソーシャルワーク）といいます。
> 　なお，連絡や調整をする関係者とは，福祉サービスを行っている人（例えば精神保健福祉士や介護福祉士，施設職員等），医師，保健医療サービスを行っている人（例えば看護師や薬剤師等），福祉や保健医療以外の分野でサービスを提供している人（例えば教員や弁護士等）です」。

　社会福祉士は資格の名称であって，仕事上での名称（職名）ではありませんから，「私は将来，社会福祉士の仕事をしたいです」は正しくありません。「社会福祉士という名称を使用して」と規定されていますから，「私は将来，

社会福祉士の資格をとって，障害者施設の生活支援員として働きたい」であれば合格です。

　また，「福祉に関係した相談を受けたり，その相談に対してアドバイスや指導をしたり」と規定されています。相談援助（ソーシャルワーク）というと面接室で利用者の相談にのって，その場でアドバイスするというイメージがあるかもしれませんが，単に座っているだけの仕事ではありません。知的障害者施設の生活支援員は排泄介助や入浴介助もしますし，木工や陶芸作業の指導もしますから，相談援助（ソーシャルワーク）とは幅広いものだと理解することが大切です。

　なお，社会福祉士は社会福祉の質の向上を願って1987（昭和62）年に設けられた資格です。そのため社会福祉士及び介護福祉士法には，「誠実義務」（第44条の2），「信用失墜行為の禁止」（第45条），「秘密保持義務」（第46条），「連携」（第47条），「資質向上の責務」（第47条の2）と，業務にあたっての義務や禁止行為が規定されています。これら条文の内容を理解することが，ソーシャルワーカーを目指す人の第一歩といえるでしょう。

（2）精神保健福祉士

　精神保健福祉士法第2条に精神保健福祉士の定義が規定されています。条文には，精神科病院や地域の施設等において，専門的な知識や技術をもって，医療や制度・サービスの利用，社会復帰を含めた「相談に応じ，助言，指導，日常生活への適応のために必要な訓練その他の援助を行うこと…（中略）…を業とする者」と内容が述べられています。

　精神保健福祉士は1997（平成9）年に国家資格化された専門職ですが，1950年代から精神科ソーシャルワーカー（PSW: Psychiatric SocialWorker）という名称で，精神科医療機関を中心に医療チームの一員として活躍してきた歴史ある専門職です。精神障害者の抱える生活問題や社会問題の解決のための支援や社会参加に向けての支援活動を行う専門職です。

　主な支援対象である精神障害者のイメージがなかなかできないとの声をよく聞きます。精神保健及び精神障害者福祉に関する法律（精神保健福祉法）の第5条に「この法律で『精神障害者』とは，統合失調症，精神作用物質による急性中毒又はその依存症，知的障害，精神病質その他精神疾患を有する者をいう」と定義されています。つまり，精神保健福祉法上の精神障害者やメンタルヘルスの課題を抱えている人，その家族が支援の対象になります。

　また，精神障害の特徴として「疾患と障害」の並存が挙げられ，医療と福祉の支援が同時に不可欠となります。精神保健福祉士のカリキュラムには，社会福祉の知識と技術を学ぶ科目と精神医学やメンタルヘルスを学ぶ科目の両方が配置されています。

　精神保健福祉士の活動は保健・医療・福祉と幅広いです。具体的には①精神科病院や診療所，一般病院等の医療機関，②障害者総合支援法に基づく地域活動支援センター，グループホーム，就労移行支援事業，就労継続支援事業等の障害者支援施設，③精神保健福祉センター，保健所，福祉事務所などの行政機関です。近年，保護観察所，矯正施設等の司法機関，メンタルヘルスへの関心の高まりと需要から雇用機関（ハローワーク），教育機関，一般企業へと活躍の場が広がりつつあります。詳しくは日本精神保健福祉士協会ホームページを参照して下さい。⁽²⁾

　社会福祉士と精神保健福祉士の両受験資格を取得できる養成校がありますが，どちらも実習が義務づけられており，精神保健福祉士の実習は，精神科医療機関と障害者支援施設等の2施設での実習が必要になります。

（3）介護福祉士

　社会福祉士及び介護福祉士法第2条第2項に介護福祉士の定義が規定されていますが，そもそもの法律名が「社会福祉士及び介護福祉士」となっているように，社会福祉士と介護福祉士には共通の考え方やルール（規定）がたくさんあります。

　まず，仕事の対象者は共通して「体や心に病気や障害をもっている方，その方の置かれている環境や状況により日常生活をおくるのが困難な方」と定められています。また，国家資格を持つ者として仕事をしていくにあたって，「誠実義務」（第44条の2），「信用失墜行為の禁止」（第45条），「秘密保持義務」（第46条），「連携」（第47条），「資質向上の責務」（第47条の2）といった義務や禁止行為のルールも共通です。

　一方で社会福祉士とは明確に異なること，それは対象者に対する援助の内容です。

　法律では，社会福祉士は「ソーシャルワーク」を専門に行う者であり，介護福祉士は，対象者の「心身の状況に応じた介護」を専門に行ったり，指導したりすると定められています。この「心身の状況に応じた介護」をもう少し具体的に説明すると，炊事に部屋の掃除や洗濯といった家事一般から，ご飯を食べること，お風呂に入ること，トイレに行くこと等といった人間が生きていく上で必要不可欠な行為を自分だけでこなすことが困難な方や，場合によっては困難な方，喉にからんで自分でうまく吐き出せない方（痰の吸引を行うには所定の研修を受講することが必要）等に対して，直接身体に触れる行為も含めて援助を行ったり，指導をしたりすることを専門に行う人ということになります。このような介護福祉士が実際に働く現場は，特別養護老人ホームや障害者支援施設等といった日常的な生活全般に援助が必要な方々が利用している福祉施設から，自宅で生活しながら援助を必要としている方に対するサービス提供（在宅支援事業）等まで幅広く，少子高齢化が深刻な社会状況の中で，さらなる活躍が期待されている福祉専門職の資格の一つといえるでしょう。

4　あなたの希望を明確にしよう

　皆さんの中には，入学時点で既に将来働きたい領域を決めている人もいるでしょうが，福祉の仕事がしたいとは考えていても具体的には絞り込めていない人も多数いるでしょう。ここではそのような学生を念頭に，希望先を明確にしていく方法を示していきます。まず，次のワークシートを埋めていきましょう。実習指導担当教員と相談する時にもこのワークシートを活用すると，円滑に相談ができると思います。

身体機能や健康状態などで何らかの制限がありますか。

　例えば，腰痛を抱えている学生であれば，介護業務が多いような実習先では実習が難しいかもしれません。食品アレルギーが強い場合は，対象者と同じ食事をするような施設での実習は難しいでしょう。
　実習施設と協議して実習内容を調整していただくことも可能なので，一概に諦める必要はありませんが，実習施設の選択では教員とよく相談する必要があります。

---

①　あなたが社会福祉士を目指そうと思ったきっかけは何ですか。

---

② あなたが興味・関心を持っている対象・対象者は誰ですか。児童で
すか，障害者ですか，高齢者ですか，地域ですか，生活困窮者ですか，
それとも…。

③ あなたは，将来どのような仕事（業務）に就きたいですか。

④ 興味・関心を持っている対象・対象者と業務を考え合わせると，ど
のような施設・機関になりますか。

　　ワークシートは埋まったでしょうか。埋まった人は，ある程度の絞り込み
ができたと思います。では，その施設・機関での実習をイメージしてみましょ
う。イメージするためにはある程度の下調べが必要になります。先輩たち
の実習報告書などを参考にして調べてみましょう。
　　あなたが絞り込んだ実習施設・機関にはどのような対象者がいますか，ど
のような業務について実習するでしょうか，対象者とはどのような関わりに
なりますか。イメージした実習は自分が希望する実習内容と重なるでしょう
か。ここであまりにかけ離れているようであれば，再度考え直してみるべき
かもしれません。このような場合も実習指導担当教員と相談しましょう。
　　なお，イメージした内容と実際の実習は大きく異なりますが，それでもイ
メージをしておくことで一定の心構えができますし，必要な準備も考えられ

ます。

　ここからはさらに理解を深めて，希望先を明確にしていきましょう。まず，絞り込んだ実習施設・機関についてさらに調べましょう。複数の領域に関心を持った人は，それぞれについて調べてみましょう。

⑤　法律上の位置づけ
⑥　対象者の特徴
⑦　対象者に起きている問題，生活困難
⑧　当該施設・機関での社会福祉士の職務
⑨　施設・機関をめぐって議論になっているテーマとその内容

　⑨は少しわかりにくいかもしれません。具体例を挙げると，例えば知的障害者の入所施設では脱施設化が議論されていますし，特別養護老人ホームで

は終末期介護のあり方や介護職員の定着に向けた対策が議論されています。それらについて理解を深めることで実習内容が豊かになっていきますから，ぜひしっかり調べて下さい。

　ここまで来ると，希望先はかなり明確になってきていると思います。ここから先は実際に希望する施設・機関を選ぶ作業になります。

　実際に施設・機関を選ぶ際には，まず第1に実習機関が示している受け入れ条件を確認します。実習施設・機関によっては，「受け入れは男性のみ（または女性のみ）」としているケースや，「市内在住者希望」「近隣居住者不可」としていることもあります。

　次に，宿泊を希望するのか通勤を希望するのかを考えます。宿泊を希望する場合は実習施設・機関が示している条件（男女の別）を確認し，宿泊費や食費を確認します。宿泊実習を受け入れている施設は多くありませんが，通学時間がないため体力的な負担が少ないことや，生活空間や食事が対象者と共通になることから，対象者の生活をより身近で感じられるという利点があります。反面，精神的な負担を感じる学生もいるようです。筆者は，学生時代に特別養護老人ホームで宿泊での実習をしましたが，早朝や就寝前の施設の様子を知ることができて，貴重な体験となりました（施設の厚意で，実習前後の時間も見学させていただけました）。

　通勤する場合は通勤方法と時間，交通機関の状況，実習時間帯を確認（特に入所型施設）します。通勤時間が長くなると体力的な負担が大きくなります。筆者の経験では，最長でも片道1.5時間程度までが望ましいと思われます。入所施設の場合は変則勤務に合わせた実習になることがあるので，早番や遅番に対応できるかどうかも確認します。まれに，実習直前になって「通うのが難しい」と訴えてくる学生がいますが，そのようなことがないように十分に調べて下さい。

　各養成校では，通学の条件を「公共交通機関による」として，自家用車やオートバイでの通学を認めていないことが多いと思われます。また，養成校

としては自家用車やオートバイでの通学を認めていても，自家用車やオートバイでの通学を認めていない実習施設・機関もあります。安易に考えずに，養成校や実習施設・機関が定めている条件を確認して下さい。

注

(1)　日本医療社会福祉協会 HP（www.jaswhs.or.jp，2020年 8 月30日アクセス）。
(2)　日本精神保健福祉士協会 HP（www.japsw.or.jp，2020年 8 月30日アクセス）。

第3章　実習の前に考えること・学ぶこと

　本章では，ソーシャルワーク実習の入口である事前学習の方法について学びます。いわゆる法令指定授業科目である「ソーシャルワーク実習指導」の事前学習の内容として必要とされている事項です。事前学習についておおよその展開に沿って理解し，一つひとつの内容及び留意事項等について学びます。なお，実習直前のチェックポイント，実習計画を作成する上で欠くことのできない実習機関・団体・施設の実習モデルや実習中のエピソードについては，第4章に詳述しています。

　具体的には，まず第1節で，実習は何のためにするのか，資格のためか，自分を知るためなのか，あるいは将来の進路のためなのか，自分自身を考えるための素材が提供されます。

　続いて第2節以降では，実習で求められる基本的態度について学び，続いて，実習のための準備，事前学習の仕方について整理します。実習の心がまえ，専門職としての倫理や職場倫理，社会的マナーやルール等について学びます。さらに，実習先別の概要（歴史，社会的意義，法制度，現状，必要とされる知識・技術等）について調べます。続いて，事前訪問，オリエンテーション，体験実習等を参考に具体的実習先の現状について学びます。その上で，実習機関・団体・施設での経験を想定した模擬面接，ロールプレイやケース・カンファレンスの実施等を通じて，実習で何を学ぶのか固めていくことになります。

　そして，最後に，実習のための手続きの流れや留意事項，実習計画の作成，実習記録の書き方等，実習を有意義に過ごし，事後学習につなげることも意

図した学習を進めることとなります。

1　何のために実習するのか
——日々の学生生活から「社会福祉」を考える——

　本書の読者の多くは，社会福祉士受験資格取得に必要なソーシャルワーク実習を前にし，その準備を進めようとしていることでしょう。ところで皆さんは何のためにソーシャルワーク実習を行うのでしょうか。そのことを考えるにあたり，まずは皆さんの日々の生活に目を向け，そこを起点に，社会福祉を学び実践することとの関連を探ることから始めましょう。

（1）中学・高校での学びとの違い

　大学・短期大学・専門学校での学びがそれまでの中学校や高校とは異なることを，皆さんは実感していることでしょう。もちろん，各々の教育機関によって違いはありますが，概ね次の3点のような違いは共通しているかと思います。第1に，学生の学問的興味や進路に即して，学生自身が時間割を組み立てること。第2に，演習・実習科目など，教員と各学生間での双方向のやりとりを行う科目があること，第3に，課外での自由時間の活用に多様性があること。

　高等教育においては学生の選択と主体性が大きく求められることがわかります。社会福祉学を学ぶ課程において，講義による学びとともに重視されるのは演習・実習科目です。学生は一方的に教員から教わるだけの存在ではないのです。学問において必要とされる知を深めるために他学生と共同し議論しながら学び，また，実践を想定しての模擬練習を行う，そうした演習・実習科目では学生自らの主体性が求められます。

　主体性をもって学業に臨むためには，自分自身が将来なりたい人物像や就きたい職種のイメージを思い描き，そのイメージを日々の学びの動機づけと

していくことが重要です。皆さんはなぜ，今，社会福祉を専門に学んでいるのでしょうか。社会福祉に関心を寄せたのはどういった理由からでしょうか。そして将来，どのような自分であろうとしているのでしょうか。

（2）課外での学びの広がり

　中学・高校での学びと現在の学びとの違いについて，学ぶ者の主体性が大きく求められることを述べましたが，課外に目を向ければさらに大きな違いがあることでしょう。進学を機に一人暮らしや学生寮での暮らしを始めた学生にとっては，「生活」という面でさまざまな新しい経験を積むことになります。生活リズムの自律，日々の食事づくり，自室の清掃，衣服の洗濯，生活費の計算など，これまで親家族が担ってくれた事柄を行わなければなりません。毎日の食事においてカップ麺が続いては，確かに安上がりですが，栄養が偏ってしまいます。一方，毎日が外食では1カ月の生活費をオーバーしてしまうことにもなりかねません。私たちはどのように「生活」を営むのか，「安定した生活」には何が必要なのか，そのことを，体験をもって理解することとなります。

　また，大学等ではクラブやサークル活動に精を出したり，アルバイトに励む学生も多いことでしょう。そこでは，同輩のみならず先輩や後輩，アルバイト先での上司等の年齢が異なる人々との協働が必要となります。他にもクラブ・サークル，アルバイトでは時間を守ることや，求められる役割を責任をもって果たすことが求められます。

　こうして考えると，普段行っている事柄の中に，この社会の中で暮らしていくにあたり必要な要素が詰め込まれていることがわかります。皆さんは，「生活」「暮らし」を，自身と深くつながりのある事柄であると意識しながら日々を過ごしているでしょうか。皆さん自身の「生活」はどのように構造化されているでしょうか。「生活」を支える要素は何でしょうか。また，皆さんは自分以外の他者とどのように人間関係を作っていますか。他者の意見に

耳を傾けつつ，相手の心情に想像力をもって働きかけ，関係を結ぶことができているでしょうか。

（3）社会福祉は「生活」が主題となる

　ここで，社会福祉と「生活」との関連性について考えてみましょう。

　社会福祉を簡潔に定義することは極めて困難ですが，ここでは社会福祉学研究者である岡村重夫の研究から考えてみましょう。岡村は，社会福祉は「その発展の当初から人の生活上の困難にかかわってきた」と述べ，さらに次のように続けます。「この生活難は，個人的，主観的な困難ではなくて，社会制度の欠陥を表現する社会問題としての生活難であった。…（中略）…社会福祉が問題とする生活困難ないし生活問題とは，常に個人の社会生活上の困難ないし問題である(1)」。岡村は社会福祉の役割を個人と社会制度との間の調整を行うことに見出し，社会福祉援助を行うにあたっては，社会性の原理，全体性の原理，主体性の原理，現実性の原理の4つの援助原理を提唱しています。

　社会福祉は，社会との関連において生じる人々の生活課題の解決に向けた実践活動です。そこには個人の課題に着目するにとどまらず，その人を取り巻く社会制度・構造への働きかけを同時に行っていくことが必要となります。社会福祉を学び実践を志す者として，一人ひとりの命や生活に深く関心を寄せるとともに，人々の生活の実際とそこに立ち現れる課題が何かを多面的な角度から考え，解決に向けた道筋を考える力が求められるのです。

　もちろん，こうした実践力を身に付けていくためには，後から述べるように社会福祉についての専門的な知識と技術を体系的に学ぶ必要があります。しかし，そうした学びの出発点として，まずは自分自身を見つめ直し，自身の生活経験を豊かにしていくことが重要なのだと考えます。人の希望や生活のありようを，学生自身の尺度だけで価値判断していくことは慎まなければなりませんが，人のありようを知ることと自分を知ることは密接に結びつく

ものです。

（4）現場から学ぶことの重要性

　社会福祉を学ぶ学生においては，机上の学びのみならず，課外におけるボランティア活動等，社会福祉現場に触れる活動が極めて重要になります。その形態は実にさまざまです。筆者の勤務する大学の学生たちも，多くが課外において社会福祉現場での活動を行っています。手話サークルに所属し手話を学ぶとともに，聴覚障害者との交流を深め，情報保障の重要性を学ぶ学生。特別養護老人ホームでの喫茶コーナーを手伝うことで，自身よりはるかに年上の高齢者との敬意あるコミュニケーションを学ぶ学生。重度の肢体不自由者の在宅介護の活動を通して，介護技術を修得するとともに，住み慣れた環境で重度障害者が暮らし続けるにはどのような福祉サービスが必要かを学ぶ学生等。

　社会福祉に関する各法をみれば，その対象となる属性は，高齢，障害，子ども，低所得，ひとり親家庭等，さまざまであることがわかります。また，高齢と一口に言っても，認知症を抱える人や終末期を迎えた人など一人ひとり同じようには語れませんし，母子家庭であることによる低所得等の複合的な生活課題を抱えている人々がいます。そうした人々に出会い，その生活課題の一端に触れることは，時に学生を大きく悩ませます。自身の無力さを実感することもあるでしょうし，現行の社会福祉制度の不十分さに憤りを感じることもあるでしょう。また，出会う人々の生きる力に勇気づけられたり，現場で働く人々の姿に将来の自分を重ね合わせることもあるかもしれません。社会福祉現場を体験することは現在の自分の力を試すとともにその程度を実感することでもありますし，その人が生きる現実とそれを取り巻く状況を把握することにつながります。

（5）何のために実習するのか

　あらためて皆さんは何のために実習を行うのか，じっくり時間をかけて考えてほしいと思います。

　卒業を間近に控えた学生たちに大学生活での思い出を振り返ってもらうと，多くの学生から実習経験が語られます。さまざまな生活課題を抱えた人々との出会いから学生たちの体験が広がるとともに，自身の学習課題がさらに明確化したことにより，それが卒業論文のテーマに結びつく学生もいますし，卒業後の進路を方向づけた学生もいます。もちろんその反対に，実習経験により社会福祉とは異なる道へと進路変更をした学生もいます。いずれにせよ，実習は皆さんにとって学生生活における大きな意味をもつことになるでしょう。

　しかし，ここで考えなければいけないのは，やはり「何のために実習をするのか」ということです。この後にも述べるように，現場経験を積むためなら，実習という形以外にも方法はあります。そうしたなか，ソーシャルワーク実習は，社会福祉専門職養成という目的から行われるものだという認識が極めて重要になります。そもそも，社会福祉施設や機関に実習生を受け入れる義務はあるのでしょうか。答えは「ない」です。それでも実習生を施設・機関が受け入れるのは，後進を育成するためであり，ソーシャルワーク実践の理解者を育てるためです。その目的のために，実習指導者は実習関係の指導業務を担って下さっています。また，学生は実習先を利用する方々の生活課題にふれ，学びを深めますが，それを許して下さっている利用者への感謝の気持ちを忘れてはいけません。

　そして，「何のために実習を行うか」を考えるにあたり，それは，単に「資格を取得することだけが目的ではない」ということも伝えたいと思います。就職にあたり，何らかの資格があった方が良いだろうと考える学生は少なくありません。ソーシャルワーク実習は社会福祉士受験資格を得るためには必須ですから，資格取得を意識せざるを得ないことは確かです。しかし，

そもそも資格にはどのような意味があるのでしょうか。

　社会福祉専門職に関する研究を行う秋山智久は，社会福祉専門職制度の理念と目的は，「サービス利用者のための社会的発言力の強化」「職業的確立」「身分安定」「社会的承認」であり，この達成のために有資格者集団の形成，法定資格や民間認定資格の制定，人材確保のための財源，業務指針といった手段が必要になるといいます。また，社会福祉士及び介護福祉士法の制定以降，社会福祉援助の質を担保するために資格の必要性が指摘されています。資格は就職を有利にするカードの一つではありません。社会福祉実践の質の担保および社会的評価の向上といった意味を含むものなのです。

　そうした意味を含む社会福祉士資格を取得するためのソーシャルワーク実習です。そのための準備は万全にしたいものです。本節の冒頭でも述べたように，自身が主体的に学ぶために社会福祉への動機を明確にしましょう。何に問題意識をもち，どのような自分であろうとするのか。また，日頃の生活にも目を向けるとともに，日頃の大学での学びを大切にしましょう。

2　実習で求められる基本的態度

　これまで，社会福祉を学ぶことと学生の日常とを関連させて述べてきました。では，社会福祉士養成カリキュラムにおけるソーシャルワーク実習にはどのような意義と目的があるのでしょうか。本節では，まずこの点を確認した上で具体的に実習生に求められる基本的態度を述べていきます。

（1）ソーシャルワーク実習の意義

　先に，「現場」から学ぶことの重要性について述べました。ボランティア活動やアルバイトを通じての学びが重要であることはもちろんなのですが，それが実習を代替するものと考えることは誤りです。ソーシャルワーク実習は，社会福祉士及び介護福祉士法に位置づけられた国家資格取得のための実

習です。体系的な社会福祉専門職養成プログラムに組み込まれたものであることが，ソーシャルワーク実習とボランティア・アルバイトによる現場経験とを分かつ違いであり，社会福祉士養成教育としてソーシャルワーク実習を行うことの意義なのです。

　ソーシャルワーク実習は社会福祉施設や機関に関わる人々（職員やその施設・機関を利用する人々）と場の力を借りて，社会福祉の知識・技術・価値を身に付け，実践を試行するものです。さらに，大学等における知識・技術・価値に関する学びと実習先での学びを連動させていくことや，実習後の振り返りとして実習体験を大学での学びと関連づけて言語化する力の養成，それらにあたってソーシャルワーク実習担当教員と実習施設の実習指導者によるスーパービジョンを受けること等，その場での学びにとどまらない内容を含みます。

　実習施設での実習指導者およびソーシャルワーク実習担当教員については2010（平成22）年度より，その要件が厳しくなっています。実習指導者は社会福祉士の資格取得後，３年以上相談援助業務に従事した経験のある者であって，厚生労働大臣が定める基準を満たす講習会の課程を修了した者とされています。ソーシャルワーク実習担当教員についても，５年以上の実習教育のキャリアあるいは社会福祉士資格取得後５年以上の相談援助業務のキャリアがない者は，実習教育にかかる講習会の受講が必須となります。こうして社会福祉士養成を目的にした経験と教育を積んだ者が，学生の実習を指導するのです。

　社会福祉士養成を目的と捉えた実習指導者による指導に基づき，社会福祉現場の体験と社会福祉実践を試行し，その学びを広く社会福祉の知識・技術・価値の学びへと結びつけていくこと。こうした事柄がソーシャルワーク実習を行う意義といえるでしょう。

（2）ソーシャルワーク実習のねらいと目的

　2021年度入学生以降の社会福祉士養成カリキュラムにおいて，ソーシャルワーク実習は，2カ所以上の異なる機関・事業所で，240時間（1カ所の機関・事業所で180時間以上）行うことが必須となります。厚生労働省はソーシャルワーク実習を通して，「ソーシャルワークの一連の過程を網羅的に実践すること」や「実習機関・事業所と，複数の機関・事業所や地域との関係性を含めた，総合的かつ包括的な支援について実践的に学ぶ」ことを実習の要件としています。ソーシャルワーク実習は特定の利用者の課題解決法や実習先の理解にとどまるものではなく，どの領域にも通用するジェネリックな社会福祉士養成を目指す実習です。

　厚生労働省が示すソーシャルワーク実習のねらいは次の5点です。[4]

　①　ソーシャルワークの実践に必要な各科目の知識と技術を統合し，社会福祉士としての価値と倫理に基づく支援を行うための実践能力を養う。

　②　支援を必要とする人や地域の状況を理解し，その生活上の課題（ニーズ）について把握する。

　③　生活上の課題（ニーズ）に対応するため，支援を必要とする人の内的資源やフォーマル・インフォーマルな社会資源を活用した支援計画の作成，実施及びその評価を行う。

　④　施設・機関等が地域社会の中で果たす役割を実践的に理解する。

　⑤　総合的かつ包括的な支援における多職種・多機関，地域住民等との連携のあり方及びその具体的内容を実践的に理解する。

厚生労働省が示す，ソーシャルワーク実習に含むべき事項は次の通りです。[5]

　①　利用者やその関係者（家族・親族，友人等），施設・事業者・機関・

団体，住民やボランティア等との基本的なコミュニケーションや円滑な人間関係の形成

② 利用者やその関係者（家族・親族，友人等）との援助関係の形成

③ 利用者や地域の状況を理解し，その生活上の課題（ニーズ）の把握，支援計画の作成と実施及び評価

④ 利用者やその関係者（家族・親族，友人等）への権利擁護活動とその評価

⑤ 多職種連携及びチームアプローチの実践的理解

⑥ 当該実習先が地域社会の中で果たす役割の理解及び具体的な地域社会への働きかけ

⑦ 地域における分野横断的・業種横断的な関係形成と社会資源の活用・調整・開発に関する理解

⑧ 施設・事業者・機関・団体等の経営やサービスの管理運営の実際（チームマネジメントや人材管理の理解を含む。）

⑨ 社会福祉士としての職業倫理と組織の一員としての役割と責任の理解

⑩ ソーシャルワーク実践に求められる以下の技術の実践的理解
　・アウトリーチ
　・ネットワーキング
　・コーディネーション
　・ネゴシエーション
　・ファシリテーション
　・プレゼンテーション
　・ソーシャルアクション

（3） **実習の心がまえ**

ソーシャルワーク実習は，はじめて社会に出て，社会福祉の実践を学ぶ場

です。実習生には，「学ぶ者」としてはもちろんのこと，「社会人」「職員」
としてのマナーや取るべき行動が求められます。そこで，それぞれの立場に
おいて求められる基本的態度と責任について具体的に考えていきましょう。

1）学ぶ者としての立場

　実習は，学校での講義や演習とは異なり，「実際の現場で体験する」とい
う実践的な学習です。実習指導者や職員とともに，利用者とかかわりながら
学んでいくことにその特徴があります。

　まずはじめに，皆さんは施設見学やボランティア活動のように，社会福祉
の現場を「見る」「体験する」だけでなく，その体験から「学ぶ」立場にあ
ることを確認したいと思います。

①　積極的な態度

　実習は，実習生だけで行うものではなく，「学びながら教わり，教わりな
がら学ぶ」という実習指導者や職員，利用者とのかかわりを通して学んでい
くものです。実習を意味のあるものにするためにも，自分の設定した実習課
題について十分に事前学習を行った上で実習に臨むことが求められます。

　また，実習先は機関や地域に応じてそれぞれ異なる役割を持っており，一
人ひとりの利用者と職員が独自の関係性を持っています。十分な事前学習が
あっても，現場での圧倒的な現実を前にすると，「問い」が生まれてくるこ
とは当然のことです。実習生には，自ら「問い」を持つ姿勢と疑問に感じた
ことやわからないことをそのままにせず，積極的に質問する姿勢が求められ
ます。

　ただし，質問をする時には，それがどのような背景にあるのか，実習指導
者や職員がどのような判断で行ったのか，利用者がどう受け止めているか等
をまずは自分で考えてみることが大切です。実習で体験することは現場での
実践の一場面です。実習生は一場面だけを見て問題を指摘したり，断定的に
物事を判断せず，まず実習先の全体像を積極的に知ることにつとめましょう。
その日に質問できなかったことを整理し，実習記録に記入して質問してみる

のも一つの方法です。

　積極的な態度は自分自身の学びのためだけではなく，実習先に対する礼儀でもあります。

　②　謙虚な姿勢

　実習は，実習先と利用者が受け入れて下さることで成り立っています。実習指導者や職員，何より利用者への感謝の気持ちを忘れてはいけません。初めて社会福祉の現場で「学ばせていただく」者として，謙虚な気持ちで実習に臨んでください。

　利用者にとって，実習先は生活の場，リハビリテーションの場，憩いの場等，どれもプライベートな場です。皆さんが，もし自分のプライベートな場を見ず知らずの実習生に見られるとしたら，どのように感じるでしょうか。

　同時に，実習先はそこで仕事に従事する人たちの職場でもあります。後進を育成するために，そして社会福祉への理解者を育てるために，実習先は実習指導の業務まで担って下さっているのです。このような想像力を働かせれば，自ずと自分がどのような心がまえをもって実習に臨むべきなのかが見えてくるかもしれません。

　③　報告・連絡・相談

　実習生と実習指導者・職員との関係においては，報告・連絡・相談（ホウ・レン・ソウ）の徹底が特に重要です。実習生は，積極的な態度，謙虚な姿勢で実習に臨み，その経過や結果をきちんと報告することが求められます。

　また，実習中，疑問に感じたことやわからないことがあれば，必ず実習指導者や職員に相談しましょう。自分だけの判断で業務を進めてはいけません。わからないことをそのままにしないことが大切です。

　業務を依頼されたり，指示されたりした場合は，終了後に必ず報告しましょう。

　また，実習中は事故がないように細心の注意をはらって下さい。万が一事故が発生した場合は，ただちに実習指導者か職員に連絡し，なるべく早い段

階で実習担当教員もしくは実習セン
ター等にも連絡しましょう。この場
合も自分だけで判断せず，些細なこ
とでも必ず連絡し，判断をあおぐこ
とが大切です。

　実習中に困ったことや悩みが生じ
た時には，一人で抱え込まずに実習
指導者や実習担当教員に相談しまし
ょう。

２）社会人としての立場

　実習では社会人としての体験をすることになります。実習生であったとし
ても，実習先からは社会人としての基本的マナーやルールが身に付いている
ことが期待されています。就職活動を行うつもりで，実習に臨みましょう。

①　健康管理

　実習では健康管理に十分配慮しましょう。実習先や利用者に迷惑をかけな
いように，そして自分自身が充実した実習にするためにも体調管理は実習生
の責務です。

　実習中は，慣れない環境の中で利用者や職員の動きに目を配り，その命や
プライバシーに関わる責任が伴うという緊張感の連続です。自分で想像する
以上に疲れが蓄積します。アルバイト等は入れずに体を休めましょう。実習
を最優先にしたスケジュール管理をしてください。

②　挨　拶

　人間関係の基本である挨拶は，とても重要なものです。短期間の実習では，
第一印象がその後の実習に大きく影響を与えることもあります。実習先で出
会うすべての人たちに，自分から丁寧に挨拶できることが求められます。う
つむいていたり，小さな声で受け答えをしていると，やる気がないと受け取
られてしまいます。必ず相手の目を見て挨拶をしましょう。

利用者の状況によっては，自分から挨拶しても気づかれなかったり，挨拶が返ってこないことがあるかもしれません。しかし，皆さんは挨拶をしてもらうために挨拶をするのではありません。自信をもって自分から挨拶しましょう。

③　言葉遣い

実習生には社会人としての基本的マナー，取るべき行動が期待されています。就職活動を行うつもりで礼儀正しい言葉遣いを身に付けて，実習に臨みましょう。コミュニケーションには言葉遣いだけでなく，表情や姿勢，声の大きさ等も含まれます。

利用者に対しては，「おじいちゃん」「○○ちゃん」等とは呼ばず，その人の年齢にふさわしい呼び方をしましょう。呼び方としては「○○さん」「○○君」等が考えられます。実習指導者や職員が親しみを込めて「○○ちゃん」と呼ぶこともありますが，それはこれまでの信頼関係の上で成り立っているものです。皆さんは，「実習生」という立場であることを忘れないでください。

④　身だしなみ

身だしなみは，身のまわりについての心がけを表します。視覚からの情報は，人の知覚の80％以上を占めるともいわれており，職員や利用者に対して，実習に対する意識が無言のメッセージとして伝わります。自分がどのように見られているのかを意識するようにしましょう。

実習中の服装については，実習内容によっても異なります。できる限り動きやすい服装を心がける必要がありますが，動きやすい服装はだらしなくみられる場合もあります。事前に実習指導者によく確認して下さい。髪型や化粧についても実習先での印象を考えて判断しましょう。アクセサリーや長い爪は，利用者を傷つけてしまう可能性があるのでやめましょう。

⑤　通　勤

実習中は社会人として扱われます。遅刻は絶対にしてはいけません。事前

に実習先までどのくらいの時間がかかるのか確認しておくとよいでしょう。公共交通機関が遅れる場合も考えて，余裕をもって家を出ましょう。万が一遅れてしまう場合は，わかった時点で速やかに実習指導者か職員に連絡して下さい。実習時間が不足することもあるため，なるべく早い段階で実習担当教員もしくは実習センター等にも連絡しましょう。

　通勤以外にも，実習中は約束の時間を厳守しましょう。プログラムや会議等には余裕をもって向かう習慣を付けましょう。

　⑥　携帯電話

　実習先に出勤する前に携帯電話の電源を必ず切りましょう。休憩中であっても電話や SNS はやめましょう。どうしても使用しなければならない場合は，実習指導者や職員に断ってから使用してください。その他，所持品は自己責任になりますので，貴重品は持ち込まないようにしましょう。

　3）職員としての立場

　利用者や来訪者の側から見ると，職員と実習生の違いが明確ではありません。皆さんは，職員として見られる場合もあります。自分自身が職員の立場で見られるとすると，実習先でどのように対応することが求められるのかを考えてみましょう。

　①　利用者に対する責任

　実習中は実習指導者や職員の指示に従って行動して下さい。実習生が自分で判断して行動した結果，利用者や実習先に思わぬ不利益を与えてしまうこともあります。積極的に行動することは大切ですが，まず実習指導者や職員に確認してから行動に移すようにしましょう。

　利用者に対しては，尊敬の念を持ち，誠意をもって接するようにしましょう。利用者には積極的に接する（関心を持つ）ことを心がけますが，私的な関係を持つことのないように注意しましょう。むやみに利用者と約束をしたり，連絡先を交換したり等，プライベートな関係をつくることはやめましょう。実習中はあくまで実習生と利用者という関係であることを忘れてはいけ

ません。

② 守秘義務

社会福祉士及び介護福祉士法では，第46条において「社会福祉士又は介護福祉士は，正当な理由がなく，その業務に関して知り得た人の秘密を漏らしてはならない。社会福祉士又は介護福祉士でなくなつた後においても，同様とする」と規定しています。

実習生には社会福祉士の資格はありませんが，社会福祉士を目指す者として利用者のプライバシーを守ることは義務であり，実習中に知り得た情報を他の人に漏らすことがあってはなりません。実習時間内だけでなく，行き帰りの通勤中や実習終了後においても同様です。公共の場にて，実習生同士で利用者の話をすることは絶対にやめましょう。実習記録やメモの取り扱いにも十分に注意しましょう。

原則として，実習中に知り得た情報は他の人に話してはいけませんが，利用者の安全に著しくかかわる場合や，施設内虐待が疑われる事態に出会った場合等には，速やかに実習指導者や実習担当教員に相談しましょう。

皆さんが利用者の立場になれば，秘密保持が義務であり，専門職の倫理であることが想像できるのではないでしょうか。

4）専門職の倫理

専門職には専門的な知識と技術が求められます。しかし，「何を目指しているのか」「何を大切にするのか」という共通の指針がないと，相手（利用者）に不利益な状況が生まれてしまう可能性があります。

そこで，専門的知識と技術に並んで，専門職に求められるのが専門職の倫理と価値です。福祉専門職を目指す者として，実習生にも守るべき倫理があることを忘れてはいけません。

専門職の価値とは，「何を目指しているのか」「何を大切にするのか」という専門職の羅針盤であり，専門職の倫理は，専門職の価値を実現する際の行動規範となるものです。専門職の倫理には，専門職として「するべきこと」

と「してはならないこと」があり，専門職団体は多くの場合，それらを明文化した「倫理綱領」をもっています。

　福祉専門職である社会福祉士にも「倫理綱領」があり，社会福祉士として「守るべきこと」を明らかにしています。倫理綱領は「行動の指針」であり，実際の援助場面で取るべき行動を規定したマニュアルではありません。

　社会福祉士の倫理綱領には，①クライエントに対する倫理責任，②組織・職場に対する倫理責任，③社会に対する倫理責任，④専門職としての倫理責任が明記されています。社会福祉士の倫理綱領（公益社団法人日本社会福祉士会，巻末資料参照）等を使用して，十分に事前学習を行った上で実習に臨みましょう。

　こうした倫理綱領は，講義や演習の中でも学んでいきますが，実習においても重要な課題となります。社会福祉の援助活動は，こうした専門職の倫理を尊重した実践です。実習では，実際の現場で専門職の倫理がどのように具現化され，援助活動につながっているのかを学びます。

　実習生は，実習指導者や実習担当教員からスーパービジョンを受けながら，実習中の利用者に対する自分の行動を専門職の倫理に照らし合わせて考え，自分の責任として身に付けていくことが求められています。

3　実習先について調べる

　実習先について学ぶ内容は，大きく分けて2種類あります。第1は，実習先の種別の概要（歴史，社会的意義，法制度，現状，必要とされる知識・技術等）です。その上で，第2は，それぞれが配属される個別の実習先の概要について学ぶことです。前者は，文献や資料，厚生労働省の該当ホームページ，種別ごとのホームページ等で調べることができます。

　後者の個別の実習先の概要は，当該施設のホームページや先輩たちの実習報告書でも学べますが，実感を持って学ぶためには，オリエンテーションや

体験実習を行うことが求められます。それらができない場合においても，事前に現地まで足を運ぶことによる学びはとても大切なことです。

（1）実習先について学ぶ

　実習先種別及び実際に配属される実習先については，少なくとも以下に掲げる事項に関する事前学習が必要になります。

① 　社会福祉法において，第1種社会福祉事業，第2種社会福祉事業のいずれに位置づけられているか。
② 　どの法律の第何条に規定されているか。
③ 　規定している根拠法律の理念や主旨はどのようなものか。法律の具体的条文等を抜き出しつつ整理する。
④ 　同じ法律に規定されている機関・施設には，どのようなものがあり，それぞれがどのように異なっているか。
⑤ 　規模，設備，職員等の基準はどのような法令，通知に基づいてどのように決められているか。それらが明記されている法令や通知から該当部分を抜き出して整理する。
⑥ 　サービスの対象となる者の具体的要件や利用要件，利用の実情についてまとめる。
⑦ 　入所，サービスの決定は，どこがどのように行うか整理する。
⑧ 　利用者の実態や最近の動向について，白書や各種統計，事例報告等により整理する。
⑨ 　利用者の権利保障の理念，仕組みについて整理する。
⑩ 　課題，さらには，周辺領域の現状と課題について学習する。

　なお実習先の種別について学習する際には，上記項目をそれぞれの実習先種別の目的・機能に沿うように具体的な課題を設定すると調べやすくなりま

表3-1　実習機関・施設に対する事前学習項目の例

```
Ⅰ　児童相談所
　1．設置義務を負うのは？
　2．設置基準は？
　3．主な専門職は？　社会福祉士対応専門職は？
　4．相談の内容と割合は？
　5．最近の相談傾向は？
　6．相談の流れは？
　7．施設入所の手続きは？
　8．一時保護所の設備及び運営の基準並びに生活は？
　9．相談・通告の受付・調査・社会診断などの留意事項は？
　10．親が入所に反対したら？
　11．最近の法改正の動向は？
　12．必要とされるソーシャルワーク技術は？
------------------------------------------------------------
Ⅱ　児童養護施設
　1．設置認可主体は？
　2．児童養護施設の設備及び運営の基準は？
　3．児童養護施設運営指針の内容は？　養護の原理は？
　4．主な専門職は？社会福祉士対応専門職は？　家庭支援専門相談員の業務は？
　5．入所児童の特徴と推移は？
　6．学校教育は？
　7．苦情解決の仕組みは？
　8．権利擁護（体罰等への対応）の仕組みは？
　9．児童養護施設における子どもの生活の質の向上のために最近進められてい
　　ることは？
　10．児童養護施設を巡る最近の動向は？
　11．最近の法改正は？　施設長の親権は？　未成年後見は？
　12．自己評価，第三者評価は？
　13．必要とされるケアワーク，ソーシャルワーク技術は？
```

出所：柏女霊峰作成。

す。例えば，子ども家庭福祉分野においては，上記項目を踏まえ，児童相談
所，児童養護施設について，具体的に，例えば表3-1の項目について調べ，
事前レポートを作成すること等が有意義でしょう。作成されたレポートは班
別に報告し合って知識の確認を行い，最終的に実習担当教員が確認した上で
各自が実習先に持参するようにします。

（2）個別の実習先の概要

　次に，個々の学生の実習先についての学習を進めます。学習内容は，例えば以下の事項が挙げられます。

①　正式名称
②　設置・運営主体
③　創立年月日と規模，定員等
④　沿　革
⑤　組　織
⑥　関連する主な社会資源とそれらとの関係（例えば，エコマップを活用します。）
⑦　サービスの内容，日々の生活の流れ
⑧　利用者の状況と近年の動向
⑨　職員，特に社会福祉士の配置や名称，業務内容等
⑩　地域活動その他当該施設に特徴的なサービス等

　なお，これら具体的な実習先の概要について把握するためには，事前訪問や実習先が実施する実習オリエンテーションの機会を捉え，パンフレットや事業概要等必要な資料の収集と，基本的事項のヒアリングが必要とされます。こうした機会が得られない場合に備え，大学に各実習機関・施設のパンフレット，事業概要等をあらかじめ整備しておくことも求められます（例えば，巡回訪問指導時に収集しておくことも必要）。ちなみに，表3-2は，筆者の勤務する大学における実習記録に収められているまとめ様式です。

　なお，実習先によっては，事前レポートの提出が求められたり，事前オリエンテーションが行われたりすることがあります。また，必要な健康診断など確認すべきこともあり，これら諸連絡の確認については，実習記録にすべて綴じ込んでおけるようにすると便利です。ちなみに，筆者の勤務する大学

表3-2　実習施設・機関の概要

施設・機関種別			
経 営 主 体 名			
施 設・機 関 名		施設・機関長名	
所　　在　　地			
施設の沿革			
施設の方針・特徴			
事業内容		施設の組織	職員構成・職員数や役割について
建物や設備	敷地　　　　　　　　m² 建物　　　　　　　　m² 木造・ブロック・鉄筋・レンガ その他（　　　　　　） （　　　）階建		
利用者の状況	定員等：		

出所：淑徳大学総合福祉学部社会福祉学科編『相談援助実習Ⅱの手引き』淑徳大学総合福祉
　　　学部，2020年，57頁。

表3-3 実習施設との連絡，オリエンテーション等の経過

① 実習前における実習先とのミーティング（打ち合わせ）や連絡経過の内容について。
　（文書や電話による連絡を含む）

月・日	曜日	内　　　　　容

② 実習先からのレポート課題について。

月・日	曜日	内　　　　　容

　実習先からレポート課題を与えられた場合は，コピーを一部実習ノートの中にとじてお
くこと。

　出所：表3-2と同じ，59頁。

においては，表3-3の様式を実習記録に綴じ込んでいます。

（3）事前訪問・実習オリエンテーション

　これらの学習と平行して，通常，実習先への事前訪問が行われます。また，
実習先からオリエンテーションに出席を求められる場合もあります。

1）事前訪問・実習オリエンテーションの意義

　事前訪問は，実習生が実習先を直接訪れ，実習担当職員と会い，また，施
設を見学し，実習に必要な事項について打ち合わせる機会です。また，実習
先から，実習全体の流れについてのオリエンテーションが行われることも多
くあります。したがって，実習生にとっては，実習先の具体的イメージを作

り上げるのに大きな効果をもつ機会となります。

　また，事前訪問やオリエンテーションの機会は実習担当職員と実習生とが初めて出会う機会であり，その後の実習を規定する重要な機会でもあります。お互いに顔なじみとなることにより，実習当日の緊張を和らげる機会ともなります。

　実習先によってはオリエンテーションが実施されず，また，事前訪問も原則として対応できないところもあります。その場合でも，実習先まで必ず事前に訪問してみることが必要です。事前訪問の意義は，実習担当職員に会ったり，施設見学をしたりするだけではありません。自宅から実習先の交通機関と所要時間，電車やバス等の時間の間隔，始発や終電の時間等の確認を行い，また，実習先での昼食の購入先その他地理的状況の確認を行う機会として，一度は現地まで訪問して確認しておくことが必要です。

　なお，実習オリエンテーションについては，各養成校の授業を通じても実施されます。この場合は，実習の諸手続きや具体的留意事項，その他事務的事項に関する事項が中心となることが多いでしょう。

２）事前訪問・実習オリエンテーションで確認すること

　事前訪問で実習指導者と面会できたり，また，実習先でオリエンテーションが開催されたりする場合には，実習先の概要説明，利用者に対する基本的態度に関する留意事項，実習中の日課と勤務体制に関する事項の説明及び実習中の生活に関する注意等が行われ，施設見学が行われます。実習生はそれらの説明，注意をメモするとともに真摯に受け止めます。また，必ず以下の点について確認を行います。

①　実習開始日，期間，休日，服装，必要な用具その他持参すべきもの
②　実習初日，いつ，どこに，誰を訪ねるのか
③　実習の形式（宿泊型，通勤型）
④　実習のスケジュール

⑤　食費，その他諸費用

⑥　実習までに準備すべきこと（健康診断を含む），学習課題等

　なお，オリエンテーションでは，実習先から，実習までに行っておくべき学習課題が提示される場合があります。通常は，養成校における事前学習で学んだことを応用した課題ですが，実習先によっては，自分自身に関すること（例えば，「自分を語る」など）や実習課題に関すること，また，実習先に関連する文献を１～２冊読んでの感想を求められることもあります。

　さらに，事前学習で仮に作成していた実習計画を持参するよう指示される場合もありますが，反対に，事前訪問で実習のスケジュールが説明された後，実習計画の作成を求められることもあります。いずれの場合も，実習計画は，事前訪問やオリエンテーションを経て確実なものにしていくことが必要となります。なお，事前の健康診断の有無やその内容についても確認が必要です。

３）事前訪問・実習オリエンテーションに当たっての注意事項

　実習は，社会人としての仕事の場に参加することであり，利用者の生活の場に参加することでもあります。最も必要とされるのは，第２節で述べられているように，礼儀やルール，一般常識などいわば一人前の社会人に当然のこととして求められる事項です。電話のかけ方，挨拶の仕方，敬語の使い方その他の言葉遣い，ＴＰＯを心がけた服装等の他，時間に遅れない，約束を守る，報告・連絡を怠らないといった社会的ルールやマナー，その他社会人としての一般常識を知らなかったために注意を受ける者はたくさんいます。事前訪問やオリエンテーションの機会は，そんな一般常識を試される機会となることを忘れるわけにはいかないでしょう。

　事前学習で実習先の特性は確認していたとしても，実際の実習先の運営は，所在する地域の特性や運営する組織によって少しずつ異なります。文献や資料を通じて学んだ配属先について実際に訪問して確認することは，自分のイメージや印象を一つひとつ確認する機会として重要です。また，実習期間中，

出勤時間に遅れたり，行くべき場所が
わからないといったことがないように，
必要事項を確認してメモしておきます。
事前訪問の際には，最低限，以下のこ
とについて確認しておくことが必要と
されます。また，メモ帳，筆記用具等
は必ず持参します。

　①　実習先までの交通手段

　多少の交通機関の遅れがあっても遅
刻しないよう，余裕をもった時間設定
をしましょう。事故等に備えて，代替の交通手段も考えておきましょう。

　②　実習先の建物の構造や配置

　事前学習で入手した資料をみながら，実習先の建物の位置や構造を確認し
ておきましょう。特に，集合場所や控室の位置，何かあった時に指示を仰ぐ
実習指導者がいる事務所の場所等は必ず確認しておきましょう。

　③　実習中の身支度

　服装や履物をはじめ，実習期間中に必要な用具等，日常の業務はもちろん，
期間中のスケジュールにある行事の時などに，特に用意するものがないか確
認しておきましょう。実習内容によっては，短パンや水着，あるいはエプロ
ン等が必要になります。また，各々に名札を付ける必要性がないか，あわせ
て確認しておきましょう。

　④　実習中の食事

　実習中の食事は，実習先の指示により，持参・購入，あるいは実習先の食
事等さまざまです。支払い方法も含めて確認しておくことが必要です。

　⑤　体調管理

　誰でも病気やケガ等をしたり，体調が不良な時があります。そのような場
合，率直に実習指導者に相談しましょう。体調不良を押して実習しても良い

実習はできないばかりか，利用者や支援者にも迷惑となります。アレルギー等の持病については，事前に告げておくことが求められます。服薬の習慣等も，原則として，事前に報告しておきましょう。実習生にとって必要な薬が，利用児・者には誤飲の事故につながることもあるからです。

（4）見学実習・体験実習等

　　見学実習は，各養成校の実習教育課程の中で，さまざまな役割を果たします。初期に位置づけられる場合は，視聴覚教材を補完し，法令指定機関・団体・施設業務の理解を促進する一環として，中期の場合は，実習先の概要を理解するための一助として，後期の場合は，実習先そのものの雰囲気に慣れたり，場合によって，実習計画作成の参考にしたりすることを目的として実施されます。後期の場合は，体験実習の一環として実施されることもあります。

　　見学実習は，通常，機関・団体・施設実習指導者による説明と見学，それに質疑応答などによって構成されます。場合によって，短時間の体験実習や利用者との交流が組み込まれることもあります。見学実習を有意義なものとするためには，事前の学習が欠かせません。特に，見学機関・団体・施設の基本的事項に関する事前学習及び事後学習が必要となります。

　　体験実習は，例えば実際の介護サービスの理解や各種サービスの利用体験を，現場において行ってみることに意味があります。実習前に業務を体験してみることによって，実習までに何を習得すべきかが確認できるし，実習計画もより明確なものとすることができます。施設の場合は，各種の行事の時に，ボランティアを兼ねて体験実習ができることが多くあります。実習先の事情にもよりますが，事前学習としてはぜひ行いたい学習です。

（5）実習の流れと業務のイメージをつかむ

　　実習の流れをつかみ，自らの実習の全体像をイメージできることは，実習

表3-4　体験実習レポート

実施日　20　年　　月　　日

学籍番号　　　　　　　　　　　氏名

種別　　　　　　　　　　　　　施設・機関名

実習期間　　月　　日　～　　月　　日

　体験実習を実施した後，以下の点についてまとめなさい。

1．体験実習で学んだこと，体験したこと（2～3点）

2．施設の状況，及び利用者や施設職員に接してみて感じたこと，考えたこと

3．自分の本実習に向けての実習の計画や課題で参考になったこと

4．まとめ

出所：表3-2と同じ，62頁。

に臨む姿勢を確立するのみならず，実習計画を作成する上でも重要です。実習の流れをつかむ方法としては，前述した見学実習や体験実習，事前訪問・実習オリエンテーションなどのほか，視聴覚教材を用いての学習も有効です。現在は，社会福祉士の業務に関するビデオや代表的な施設種別について実習の流れや留意事項等を折り込んだビデオなども作成されており，有効に活用しましょう。

　また，実習モデルを用いての学習も有効です。実習モデルを実習先と養成校とが協力して作成して学生に提示することで，実習イメージの深化と計画作成に資することができます。

（6）実習先におけるソーシャルワーク技術を学ぶ

　次に，実習先において活用されるソーシャルワーク技術に関する学習と整理も必要となります。ソーシャルワーク技術の実際については，主にソーシャルワーク演習において学習しますが，ソーシャルワーク演習における学習は特定の機関・団体・施設を念頭に置いたものではないため，実習先確定後は，実習先において特に必要とされる技術的な事項についての学習や整理が求められます。また，実習先に特有の技術についても学習する必要があります。ここでは，例として，ロールプレイと事例研究，エピソード記録，個別援助計画について取り上げたいと思います。

1）ロールプレイを通じた学び

　ロールプレイ（role play）は役割演技法ともいい，ソーシャルワーク技術を獲得するために欠くことのできない学習法です。例えば，障害者支援施設での実習の場合には2人ペアになっての車椅子体験とその介助体験が有効でしょうし，特別養護老人ホームでの実習の場合には，介護される側とする側の両方を体験し，お互いに話し合うこと等も有効でしょう。

　しかし，社会福祉士としての実習において最も必要とされるのは，面接に関するロールプレイです。まず，2人1組となって援助者と利用者の役割を

決めます。利用者役の人は，なるべく自身の軽い問題ないしは特定の問題状況を設定して援助者役の人に相談を持ちかけ，30分程度面接を進めます。その後，それぞれが面接振り返り票に記入を行い，この間の自身の感情の動きについて再確認します。その後，両者で話し合いを行い，利用者の感情の動きと援助者の態度，対応について確認作業を進めます。

　自身が利用者となることで，利用者の感情の流れを理解し，また，援助者はフィードバックされることで自身の態度，対応を確認することができます。また，自己理解，自己覚知にも資する体験となります。この後，援助者役のグループと利用者役のグループを作り，ディスカッションを通じてそれぞれのグループ内で体験の共有化を図り，発表し合うとなお良い体験となるでしょう。なお，時間があれば，役割の交代も行います。

2）事例研究を通じた学び

　実習先における事例検討も重要です。例えば，児童養護施設で実習する場合，児童養護施設における援助事例を事例集，実践報告集等から選定し，検討課題を設定した上で，自らが施設の援助者になったつもりで事例研究を行います。グループでディスカッションを行い，グループ内でできるだけ統一した援助方針を出すことができれば，グループワーク体験としても有効です。

　例えば，施設から無断外出した事例の対応について検討する場合，記述された記録から児童が無断外出をするに至ったサインを発見し，その行動の意味を探ります。行動の意味を理解することが，次のステップにつながるのです。それは，無断外出という行動のみをみていては理解できないことです。援助の方針はそこから生まれるのです。

　また，ソーシャルワーク技術を習得するための事例研究は，そこから普遍的事実を導き出すことを目的としているわけではありません。利用者のよりよい援助を目的としています。援助を目的とした事例研究を行うためには，自己を事例に関与させつつ検討する姿勢が求められます。「もし私が援助者だったとしたら，この子どものこの行動に出会ってどんな気持ちになるだろ

うか」「もし私がこの子どもだったとしたら，無断外出中，どこに行くだろうか」といった姿勢で事例を読むことが求められます。自己を関与させ，共感的理解を図りつつ事例研究を行いたいものです。

　なお，事例は生の人間関係の記録であるだけに，事例研究を行うことによって，自己の対人関係のもち方や自己の未解決な課題に気づかされることもあります。自らの対人関係のもち方を一定程度了解しておくことは援助者としては非常に重要なことですが，場合によって，実習担当教員その他のスーパービジョンを必要とする場合もあります。ロールプレイも同様であり，スーパーバイザーの存在など一定の条件下で行われることが望まれます。

3）エピソード記録を通じた学び

　実習中に学生たちが遭遇する利用者との出会いは，学生たちに大きな影響を与えます。筆者は，実習先の実習指導者と協議を積み重ね，個々の学生に実習中のエピソード記録並びに特定児童のための個別援助計画を作成し，職員の方々にコメントを頂戴する方法を取り入れてきました。そして，後期の実習指導において，それをもとに事後学習の機会としてきました。

　実習中には，思いがけないことが次々と起こります。学生たちはそのたびごとに戸惑い，試行錯誤を繰り返すこととなります。そして，その対応が正しかったのか悩み，場合によって，自分自身を責めたり，独善的に正しかったと思いこもうとしたりします。そこで，実習中にそのような場面があった時に，その時の様子をエピソード記録として作成し，できる限り実習指導者のコメントを頂戴することとしています。エピソードは，子ども同士や実習生とのやり取りを逐語記録として実習記録に作成します。そして，それを実習指導者に読んでもらい，学生の気づきを促すコメントをしていただきます。事前学習では，先輩学生と施設の協働作業で作成されたエピソード記録を読み合いながら，利用者や学生，援助者の気持ちに近づく経験をしていきます。様式並びに作成例は，表3-5の通りです。

表3-5　エピソード記録例

月　日	時　間	出 来 事	一時保護所の実習で幼児（就学前の子）さんと一緒に遊んでいた時のことである。
○月○日	PM4:30		

エピソードの状況（入所状況や家族，兄弟の状況他を含む）

　この記録に出てくるY（4歳）くんは，被虐待児として兄のY（6歳）くんと弟のS（2歳）くんの3人兄弟で保護された児童である。この記録はスベリ台の上をどちらが使うかという兄弟ケンカから始まったものである。長男Y（6歳）くんから，次男Y（4歳）くんがほぼ無理矢理場所を取り，そのことで私（実習生）が注意をすると，次男が上からものを落とした所からはじめたいと思う。

人　物　私（実習生）→実，次男Y（4歳）→Y，職員→職

実：「自分で落としたんだからYくんが自分で取りに来てください。」
Y：「何だよ！」（注意を受けた後だったから，Yくんはブスッとした顔で取りに来た。）
実：「はい，どうぞ」（Yくんが力いっぱい私の手の中からおもちゃを取ったため，指をひっかかれた状態になった）
実：「Yくん，今みたいな取り方だと先生（私のこと）痛いな，謝ってくれますか。」
Y：「やだ！怒んないでよ！」
実：「うん。先生怒っているんじゃなくて，痛かったから謝ってほしいんだ。」（Yくんは急に泣き出し，顔を床にふせてしまう）
実：「Yくん，ちゃんと先生の目を見て話しましょう。」
職：「もし，このまま続けるのなら，外で2人きりで話してみてもいいですよ。私達もこういう時はみんなから離れて話し合うんです。ここだと他の子がいて，固くなっちゃいますから。やってみます？」
実：「はい，ぜひやらせてください。」
職：「わかりました。もし無理だったら呼んでくださいね。」
　（Yくんをだっこして少し離れた場所に行く）
実：「Yくん，ちゃんっと私の目を見てくれる？（Yくんが目を見るのを待つ）私はYくんがさっきおもちゃを取ったときに指をひっかかれてすごく痛かったんだ。だからそのことを謝ってほしいの。」
Y：「（少ししてから）ごめん！」
実：「もう少し優しく言えないかな？ごめんなさいって。」
Y：「ごめんなさい。」
実：「はい。Yくんよく言えたね。Yくん，私もYくんに謝らなくちゃいけないことがあります。私はYくんのこと怒ったつもりではなかったけど，Yくんには私の声が変わって怒ったと思ったんだよね？ごめんなさい。」
　（話が終わったと思ったとYくんが戻ろうとしたので，私はYくんを引き止めた。するとYくんは泣き出してしまった。）
実：「Yくん，これからはごめんなさいって自分から言えるようにがんばろうね。」
Y：「戻りたい！」

（次頁へ続く）

（もう何を言っても聞こうとしないため，私はYをだっこすることにした）

（私はYくんが泣きやむまでだっこし続けた）

実：「Yくんはもうごめんなさいって言えるよね。これからもごめんなさいって言えるよね。」

（Yくんがうなずくのを感じる）

実：「じゃあ戻ろうか。」

考　察

　正直このやり取りをしている時は頭の中が真っ白でした。そのため，今ふり返ると，なぜあそこまで謝らせようとしたのだろうと思いました。また，Yも私の話をちゃんと聞いていたとはあまり思えません。それでもこの後彼が私に甘えてくるようになった気がします。この日の終了時間になりYに今日はバイバイだよと言うと，今までは言ってこなかったのに「もう帰っちゃうの？」と言ってくれたり，私の姿が見えなくなるまで手を振ってくれたところにそう感じました。

　やはり，このような体験は初めてであったため，どうしたら良いのかがまったくわからず，彼が泣き出した時は私自身がパニックになってしまい，おもわずだっこしてしまいました。だっこをしながら彼が泣き止み，力がぬけるのを感じ私も安心することができました。ずしっとくる重さが，彼がまだ幼い子どもであることを教えてくれ，私は彼の姉になった気持ちになってしまいました。私の関わり方は自分ではだめであったと深く反省しています。もっと良い方法があるのではないか，それ以前に彼に謝らせることに意味はあったのか，後で後悔する記録となってしまいました。

実習指導者のコメント

　抱っこをした子どもの力が抜けていくときの感じはどんな感じがしましたか？単なる安心感だけではなく，多くのことを含んでいたのではないでしょうか。「謝らせることに意味はあったのか，後で後悔する記録となってしまいました。」とありますが，正直な私の感じとしては，今回のこの場合はあまり意味がないように感じました。しかし，それ以前のプロセスはとても豊かなものを含んでいると思います。頭の中が真っ白になったほど頑張ってその場に在り続けたことは，子どもにとって大切なことだったと思います。だからこそA（実習生の名前）さんに甘えを出せるようになったのだと思います。大人だからこそ素朴に素直に自分らしさを大切に関わることも大切だと私は感じています。ただし，その分，傷つくことも増えるので，ゆとりを持ったり，職場以外に逃げ場を持ったり，自分を大切にすることも大事です。

　　　出所：学生・実習先の了解を得て実習記録から抜粋，一部筆者修正。

4）個別援助計画を通じた学び

　施設実習においては，配属実習中，例えば児童養護施設においては，学生が関わりをもった特定の子どもに対して個別援助計画を作成する経験を積んでもらっています。施設が作成している「自立支援計画」は，子どもの家族背景や生活の全体を把握することのできない学生たちには作成が困難です。

表3-6　個別援助計画の様式

児童名　　年齢　　学年　　お部屋
1．私からみた○○くん
2．職員の方から聞いた○○くん
3．これまでの○○くんとの関わり
4．これからの○○くんとの関わり（箇条書きで3つ程度）
(1)
(2)
(3)
5．4．の根拠
(1)
(2)
(3)
6．実習担当職員の方のコメント
7．考　察

出所：柏女霊峰作成。

したがって，ここでは，実習先のホームや寮の特定児童との関わりの中で感じ取った子どもの様子，職員からうかがい知ることのできた事実等から子どものアセスメントを行い，その結果に基づいて支援についてのプランニングと，それを意識した直接的関わり（支援の実施）をしてもらうこととしています。プランニングは，定められた様式に従って支援計画（これを「個別援助計画」と称しています）として作成します。

このような体験により，実習生は，アセスメント，プランニング，支援の実施，モニタリングといった一連のソーシャルワークプロセスを経験することができ，社会福祉士としてのアイデンティティを獲得することにつながっていきます。これらも実習先の実習指導者と打合せが必要であり，この個別援助計画を事前学習で学び，作成方法等についても学習していくこととなります。個別援助計画作成の様式例は，表3-6のとおりです。

このような事前学習を通して，実習先について理解を深めるとともに，次節で述べる実習課題の設定へとつなげていくことが求められます。

4　実習に係る書類を学ぶ

　実習を意義のあるものにするには，実習のイメージや実習課題をはっきり
させる必要があります。その一助となってくれるのが実習に係る書類です。
書類には，実習前に提出する実習に関する手続き書類，実習前に立てる実習
計画書，実習中に作成する実習記録があります。また，実習先で作成，保管
されている書類があります。

（1）実習関係書類の確認，作成と提出等

　ここでは，実習前に実習生が確認したり実習生自身が作成し，実習事務を
担う学内部署（以下，実習教育センター）に提出する書類の説明をします。
　まず，実習生が心に留めなければならないのは，期日厳守と丁寧さです。
実習開始前から，書類上で実習先とのやりとりは始まっています。社会人と
してのルールを守って書類の取り扱いに臨みましょう。
　以下は，筆者の勤務する大学を例に述べています。各校の書類等のルール
は，各校で独自に作成される実習の注意事項がまとめられた手引き等に記載
されているかと思いますので，それを確認しましょう。不明な点は，実習指
導担当教員や実習教育センターに相談することが必要です。

1）実習前に確認すべき事項

　実習先が決定した段階で，実習教育センターや実習指導担当教員から，実
習先の情報が実習生に届けられます。
　こうした情報は，いつでも確認できる状態にしておきましょう。例えば，
実習先から「オリエンテーションは実習開始1カ月前に行う」と指示があっ
たにもかかわらず，実習生がうっかり見落とし慌てて訪問日時の約束を取り
付けるというのは，実習先に迷惑をかける可能性があります。また，万が一
の事故に備えて，学生傷害保険等入学時に加入している保険について確認し

ておくことも必要です。

2）実習前提出書類の作成にあたって

　提出書類作成には期日厳守と丁寧さが求められます。余裕をもって作成に取りかかりましょう。また，内容が実習生としてふさわしいものかどうか，提出前に実習指導担当教員に確認してもらいましょう。

　書類作成にあたり，まず，実習先の固有名称の記載に誤りがないよう，十分に気をつけましょう。法人名，施設／機関名，施設／機関長名，実習指導者名等を誤ったままでは，実習先に失礼になります。またこの時，最新の情報を実習先にたずねるなどして確認しましょう。年度が新しくなると，施設長や実習指導者が変わることは珍しくありません。

　提出書類は，汚さず，折り曲げないようにしましょう。必要事項は油性の黒ボールペンで書きましょう。修正液や修正テープの使用は控えねばなりません。訂正印で修正することも控えましょう。そのため，鉛筆で下書きをし，内容が間違っていないか確認し，間違っていなければ油性の黒ボールペンで清書し，鉛筆跡を消しゴムで消すという作業が必要です。

　近年は消せるボールペンもあります。すぐ消せるので便利ですが，すぐ消せるがゆえに，他の誰かが消して書き換えることもできてしまいます。確実な書類作成のためにも油性の黒ボールペンを使用しましょう。

3）実習前提出書類の具体的内容

① 実習生紹介票

　実習生紹介票は実習先に提出する実習生の履歴書です。住所や電話番号のほか，自己紹介や健康状態等も記載します。実習中の万が一の事故等の場合に，実習先や実習教育センターが実習生の家族等に連絡する場合を想定し，緊急連絡先を記入する欄もあることでしょう。確実に連絡の取れる連絡先を記すとともに，記入の際，家族等にこの旨を伝えておくとよいでしょう。

　自己紹介欄には，実習を意識した自己紹介文を書くことが望ましいです。特に特技がなくても，実習で学びたいことや社会福祉に関心をもった理由を

誠実に記載するのは実習生として好ましいです。

　健康状態に関する実習生の記載内容は実習目的以外で使用されませんから，実習にあたり心身面で不安なことがあれば記載しておくとよいでしょう。この時，不安事項だけでなく，どのような配慮があれば実習が行えるかも書いておけば，実習先と実習生，実習教育センターとの共通理解が得やすくなります。なお書面では書きづらいが実習先に知っておいてほしい点があれば，実習指導担当教員や実習教育センターに事前に相談しましょう。

　貼付する写真は，スマートフォンではなく証明写真機で撮影しましょう。スーツを着用し髪を染色している場合は自身の自然な色に戻しましょう。

② 実習誓約書

　巻末に「社会福祉士の倫理綱領」を掲載しています。社会福祉士には守るべき倫理があります。筆者の勤務先では，利用者の安全確保と尊厳の尊重のために実習指導者の助言・指導を受けることや，プライバシー尊重等を約束する誓約書に，実習生は署名・押印して実習施設／機関長宛に提出します。

　実習関係書類は事務的に作成しがちですが，この誓約書は必ず内容を丁寧に読み，自身の倫理指針とした上で，署名と押印をしましょう。

③ 実習生出勤票

　2021年度入学生からは，社会福祉士受験資格を得るために240時間の実習が必須となります。この時間数を証明するのが実習生出勤票です。実習開始後，実習生は毎日，この出勤票に実習時間を記載し，押印します。夜勤の場合等，時間数の記載に迷う場合には，必ず実習指導者や実習教育センターに確認し，正確な実習時間を記載するようにしましょう。

④ 実習評価票

　実習評価票には，実習生の知識や技術の習得状況や実習中の態度，総合的な評価が，実習指導者により記載されます。実習生にとっては，実習後の振り返りや，今後の学習課題の設定に資するものとなります。

⑤　健康診断書

　福祉施設での実習では，実習生の健康状態に関わる各種証明書の提出が求められます。学内で実施される健康診断は必ず受けましょう。一般的な検査項目は，身長，体重，視力，聴力，血圧，尿，胸部 X 線，その他所見です。学内で健康診断が受けられなかった場合は，必ず保健・医療機関で健康診断を受けましょう。再検査を要すると診断された場合には，速やかに対応しましょう。実習先によっては，実習開始の 3 カ月前等，直近の診断結果が求められることもあります。その場合は，実習先の指示に従いましょう。

⑥　細菌検査証明書

　ここでは検便による腸内細菌検査について説明します。腸内細菌検査により，赤痢菌やサルモネラ，O157等の検査結果が陰性（細菌が検出されなかった）か，陽性（細菌が検出された）かの結果が出ます。検査事項すべてが陰性であれば問題ありませんが，陽性の場合には，医師の診断と服薬を受け完治してからでないと実習は行えません。各種福祉施設では，感染症の防止に細心の注意を払っています。福祉施設の利用児・者の中には，高齢者・障害者など，抵抗力の弱い人がいます。若年で健康な学生では自覚症状がなくても，細菌の保菌者であるまま実習に臨んでしまっては，施設内で感染する可能性があります。そうした事態を起こしてはなりません。そのため，陽性反応が出た学生の実習は中止・延期となります。

　まず，どのような種類の細菌検査を受けなければならないのか，そして検査の時期（実習開始の 1 カ月前等，検査結果は実習開始日からさかのぼって新しいものが求められます）といった実習先の指示内容を確認する必要があります。実習先が求める項目が検査できる保健・医療機関を自身で探したり，実習教育センターからの情報を得ましょう。また，検査にあたっては，検査機関に検便キットを取りに行き，検便を提出し，検査結果を待ち，後日結果を受け取るというように，日数がかかります。実習先が求める検査実施期間に合致するよう，きちんとスケジュールを立てましょう。

⑦　麻疹抗体価検査証明書

麻疹(はしか)も，実習先での感染を防止するために，抗体の有無を検査します。基準値に満たない場合は，ワクチン接種が求められます。

4）実習費納入等

各種提出書類とともに，実習費の納入も定められた期日内に行いましょう。実習費はいったん納入すると，実習前や実習中に実習が中止になったとしても返金されないのが通例です。

また，実習費以外にも，実習先での食費や，宿泊での実習の場合には宿泊費がかかる場合もあります。交通費の確認も事前に行っておきましょう。実習施設と自宅間の交通機関で定期券を発行する場合，発行までに時間がかかりますので，発行手続きについて実習教育センターに相談して下さい。

（2）実習計画書の作成

1）実習計画の意義

実習では，実習先で実施されている業務自体をただ単に習得するというよりは，実践を通じて，自分自身の実習目標や達成課題に沿って，実習先の取り組みを見聞し，学び，習得することが求められます。そのため，「実習で学びたいこと（目標と達成課題）」と「学ぶための方法」を具体的に計画しておく必要があります。しっかりと実習計画を立てることで，自らの実習目標が明確となり「どのような方法で学ぶか」等，自己の姿勢，学び，課題との向き合い方を見失わずに，関連づけながら実習に取り組むことができます。また，自らの実習目標があることで「どの程度学べているのか」「どのくらい行動できているのか」を振り返り，確認することもできます。これらが，実習記録を作成する際の視座になります。また，実習記録に記述された実習生の視点や一貫性は，実習記録を読む実習指導者にも伝わります。学びたいことに対し，実習指導者から的確な指導や助言を得やすくなります。

ただし，実習は実習計画の通りに進んでいくとは限りません。期間の限ら

れた時間や実習先の事情等により，実習で学べることが制約される場合があります。そのためにも，事前に「実習で学びたいこと（目標と達成課題）」と「学ぶための方法」を実習先に伝えておくことで，実習プログラムと事前の実習イメージのズレを修正し，できる範囲で目的に沿った実習指導を受ける機会を得ることもできます。柔軟に対応しつつ，自らの学びを深めるためにも，事前に実習計画を立てる必要があります。

２）実習計画書

実習において「何を学びたいのか」「どのような方法で学ぶか」等を，具体的にまとめたものが実習計画書です。これまでの体験や大学で学んだ関連科目で得た知識をもとに，実習先の利用児・者の特性を考慮しつつ，実習の目的や動機，自分の関心や問題意識，実習に臨む姿勢，事前学習の内容等に照らし，実習での「目標」，目標達成に向けた「具体的課題」，課題達成のための「具体的方法」をはっきりさせていきます。明確になったことを実習計画書に記載していきます。各養成校で書式は異なり，場合によっては，「事前学習の内容」等も含まれます。著者の勤務する大学では，実習計画書は，以下の項目で構成されます。

①　実習の具体的目標

実習で学びたいこと，実習先や実習分野を選んだ理由，将来に向けた希望等を記入する。

②　目標達成に向けた具体的課題

①で書いた目標に沿って，具体的に何を学ぶかを箇条書きで記入する。

③　課題達成のための具体的方法

達成課題をスケジュールなどで分け（例：1週間ごとに分ける），それぞれ具体的な学び方や考察の理由等を加えて，箇条書きで記入する。

④　実習指導者による指摘及び指導内容

実習計画書は1回で完成されることはありません。事前学習は必須で，実習先の特徴，業務内容や1日の流れ，利用者の状況などの情報収集，参考文

献を参照した上で，自らの実習の目的や課題を明確化し，実習開始までに，実習指導担当教員による指導によって検討と修正を繰り返し，実習計画書を完成させます。

　なお，実習前に事前訪問の機会があれば，実習担当者に実習計画書を見ていただくのもよいでしょう。実際の実習プログラムなどを伺った上で，さらに内容を検討，修正します。こうした検討，修正する課程で，自分自身の実習目的，達成課題，方法をさらにはっきりさせていきます。また，実習テーマや目的が妥当か否か，達成課題が実現可能か否か，実習プログラムと擦り合わせて完成させます。場合によっては，修正と検討の課程の中で，実習計画全体の見直しを行う必要が生じることもあります。なお，実習先に実習前に実習計画書を送付する場合は，送付前にコピーをとっておくと良いでしょう。

3）実習計画書の作成

　実習計画書は，実習機関・施設や利用児・者の特性や現状を踏まえ，学ぶべきことを具体的に表します。作成するためには，事前学習をしっかり行うことが重要です（本章第3節参照）。事前学習は，実習先を選ぶ段階から始まっています。実習先を安易に漠然とした理由（例えば，「自宅に近いから」「何となく良さそうだから」等）で選ぶ，希望した分野の実習機関にならなかったから「わからない」，「実際に現場に行かないとイメージがつかない」という実習生がいますが，実習では，社会福祉現場での実践についてどれだけ理解しているのか，実習で何を学びたいのか，主体性が問われていることを忘れないで下さい。

　そこで，事前に実習先の法的根拠，業務内容や1日の流れ，利用者の状況等，実習に必要な情報収集をし，実習のイメージ（どのような場面で，誰と，何を，どのように行うのか等）をつけることが大切になります。

　なお，事前学習を軽視し，実習の目標や達成課題をはっきりさせないまま実習に臨んでしまうと，実習初日から実習先の動きや情報に翻弄され，何が

課題なのか，何がわからないのかさえも不明なまま実習を終えてしまう可能
性もあります。また，事前学習の重要性も理解しないまま実習を終えてしま
うと実習の総括としてのまとめや実習報告書の内容も表面的なものになって
しまいます。そうならないためにも，次にあげる 2 つの視点を参考に，自分
で考え，調べ，実習計画書を作成してみましょう。

　①　「自分」を起点に考える

　具体的な実習課題は，「自分」の実習動機と結びつけて考えることが大切
になります。なぜなら実習は，自分自身の関わりを抜きに学ぶことは難しい
ものだからです。「自分」の実習の動機が具体的な実習の目的，課題につな
がり，実習計画書へとつながっていきます。自分の動機を起点とすることで，
実習が終わった後も，ソーシャルワークを考える種が生まれます。

　まずは，「自分」の「興味や関心」，「自分」が考える「援助とは何か」，
「援助する際に大切にしたいことは何か」を考えてみることから始めるのも
良いでしょう。どうしても迷う，見つけられない場合は，実習先の資料や
ホームページ，自分が行う領域施設の動画，先輩たちの実習報告書，仲間の
実習計画などを参考にするのも良いでしょう。これらを参考に，これから始
まる「自分」の実習に引きつけて読み込み，「自分」の実習イメージを作る
のも良いでしょう。他人の経験を追体験するように理解できれば，「自分」
の実習イメージも沸いてくるのではないでしょうか。

　②　実習の目的から考える

　社会福祉士課程におけるソーシャルワーク実習は，職場実習，職種実習，
ソーシャルワーク実習の 3 段階実習を行っていきます。この 3 段階実習にお
ける学びの目的を意識し，大学での座学，論文，参考資料などと照合し，実
習計画書を立てても良いでしょう。なお，3 段階実習については，第 4 章で
詳しく述べられるので，ここでは簡単に述べます。

　職場実習　　実習機関の役割や概要を理解します。また，利用者の生活
やニーズを理解します。その中で，社会福祉理念や考えを踏まえた機関・施

設の援助体制を学びます。

職種実習　　ソーシャルワーカーの役割や業務内容自体を知り，他職種と比べ，相違と共通を理解することで，視点，技術，知識，価値を学びます。その中で，ソーシャルワーカーとしての位置・役割・機能について学びます。

ソーシャルワーク実習　　ソーシャルワーカーとして，利用者のニーズを把握し，必要な援助内容や方法を理解します。また，社会福祉士の倫理綱領に基づいたソーシャルワーク実践のあり方を学びます。その中で，ソーシャルワーカーとしての専門性について学びます。

４）事前訪問を活かす

時に，事前訪問やオリエンテーションの機会を活用し，実習のイメージや印象を確認するのも有効です。実習先によっては，実習前に事前訪問を行う場合があります。事前訪問には，体験学習や実習担当者からの実習前オリエンテーションがあります。次に，事前訪問までの一連の流れを挙げます。

① 実習先へ挨拶（電話）

実習前に，実習先に電話をします。実習教育センターの資料（配属一覧・実習施設及びメンバー票など）で，実習先の電話番号，実習担当者の名前を確認します。その上で電話をしますが，業務時間やスケジュールに配慮しながら，電話をかけましょう。複数の学生が同一の実習先に行く場合は，代表者が連絡をしましょう。電話をかける時間帯は，午前中であれば「10時～11時30分」，午後であれば「14時～16時頃」が良いでしょう。また，電話をする前に「何を話すのか」「何を質問するのか」をあらかじめ紙に書き，準備をしてから電話をすると良いでしょう。

まずは，実習生から名乗り，実習の事前訪問，オリエンテーション，体験実習の連絡であることを伝え，実習指導者を電話口に呼んでいただきます。その際，実習先の実習担当者や施設長が異動で代わっている場合もありますので，確認します。そして，事前訪問やオリエンテーションのスケジュールなどを確認します。次は，電話のかけ方の例です。

施設職員に「今年度，社会福祉士の実習でお世話になります○○大学○年の○○と申します。お忙しいところ大変申し訳ございませんが，実習担当の○○さんをお願いできますか」と伝えます。実習担当者が出たら，改めて名乗り，「宜しくお願いいたします」と挨拶をした上で，「お忙しいところ大変申し訳ございませんが，本日は○月○日の事前訪問について，確認させていただきたいことがあり，お電話しました」と目的を伝え，「誰を訪ねていけばよいのか」「持参するもの」など，必要なことを聞きます。

実習指導者が，仕事の都合で電話に出られない場合は，「また，こちらからお電話いたしますが，何時頃でしたらご都合がよろしいでしょうか」などと聞き，次にいつ電話をかければよいか教えていただき，再度その時間に電話をします。

② 事前訪問

事前訪問では，今後の実習に向け，スケジュールや留意点などを確認し合います。その際に，実習先の指導員の方に実習計画案，実習での要望，課題などを伝えると良いでしょう。実習指導員は実習生からの実習での要望や課題を聴き，実習生を受け入れるための計画を立てます。ただし，実習は限られた期間ですので，実習生のすべての希望を実習先で叶えることは難しいものです。より良い実習にするためにも，実習生として，事前に，実習計画書に目標，達成課題，方法を記入し，自分の言葉として伝えることが大事になります。

5）実習計画書の留意点

実習計画書を作成する過程の中で，実習において利用児・者の人権を侵害するような，安易な取り組みや実習計画書とならないよう十分注意しましょう。また，折角の実習の機会だからと，限られた時間の中に，実習計画書の目的や内容，興味や関心事を盛り込みすぎて実現不可能なものになってしまう場合もあります。事前学習から導かれた実習目標や達成課題が実現可能か否か，実習指導担当教員とよく相談し，実習計画を立てる段階で，自分のテーマをはっきりさせておくと良いでしょう。

実習先に，複数の実習生が実習をしている場合もあります。利用者に合わせながら業務が進められていますので，施設内の業務と実習計画書の内容とペースが合わないこともあります。実習計画書の予定に固執して，予定外のことを見ず，自分から意図的に働きかけないと「計画した課題に取り組めないまま実習が終わってしまった」「思うように実習ができなかった」という結果にもなりかねません。実習計画書の意図とは違う課題の発見もまた実習での醍醐味です。柔軟に対応しましょう。そして，遠慮せず，様々な職員の指導を仰ぎ，自分から積極的に実習課題に取り組むチャンスを創り，有意義な実習となるよう取り組みましょう。

（3）実習記録の作成

1）実習記録の意義

　現場では，社会福祉実践に関し，記録を書きます。援助者，利用者，他職種などの記録があります。日々の実践記録は，利用者のニーズ，実践やサービスの確認だけではなく，利用者の権利が守られているか，施設・機関の機能・役割が発揮されているかなどを示すことに役立てられます。記録を書き留めることは，支援を問い直す，利用者へのより良い支援，機関の機能を高める，教育と調査研究へとつながっていきます。

　実習生の記録は，職務上必要とされる記録を書く練習と思って下さい。記録は，援助者として，体験を意味づけ，自身の成長や自己覚知を深め，支援へとつながっていきます。日々の実習での気づきや学びを言語化し，実習から学んだ専門知識・技術・価値・倫理を関連付け，支援を深める役割を果たします。そういう意味では，実習を振り返り，体験した事柄の再確認とその事柄について考察することで学びを深めるためのツールになります。

　実習生は，慣れない環境の中で，実習記録を書かなくてはなりません。いざ実習記録を書こうとすると，何をどのように書けばよいのか悩みます。その結果，夜遅くまで実習記録を作成することもでてくるかもしれません。実習

中に観察，経験，助言等による気づき，気になったこと，大切に思ったことなどをメモに書き止め，実習記録を書く時に活用しましょう。また，事前学習を含めた実習計画書やその過程を思い出しながら，まとめていきましょう。

実習先によっては，毎日，実習記録の提出を求められる場合があります。一方で，求めないところもありますが，実習記録は，必ずその日のうちに書き，次の日のチャレンジにつなげましょう。

実習記録は，実習生のみならず，実習担当者にとっても重要なものです。実習担当者は，実習記録から，実習生が何を学んだのか，何に気づいたのか等を把握し，助言や指導を行っていきます。実習先から実習記録のコメントをいただいた時は，しっかり確認し，次に活かしましょう。こうした実習の日々の記録は，実習生の大切な成長記録にもなります。

２）実習記録の内容

実習記録は，養成校によって指定の書式がありますが，一般的にその日の実習課題，実習の概要としての日課表，実習を終えての所感や考察（気づき，課題への取り組み，今後の課題や目標等）の項目，実習指導者からの指摘や指導内容などのコメント欄があります（表3-7）。これら項目に沿って，実習の出来事と所感や考察を記載します。実習先でのスケジュール，どこで，誰と，どのように展開されたのかという実習プロセスを整理し，確認することが，職場実習，職種実習，ソーシャルワーク実践を理解する上で役に立ちます。また，支援のあり方についての考える源になります。

日課表を書いた上で，所感，考察のスペースには，その日，特に印象に残ったエピソードを中心に，気づき，所感，反省，新たな課題等を記載していきます。記載する際の大事なこととして，「自分は〜だと思う」といった単なる思い，感想，印象だけではなく，「このようなエピソードがあった」点に鑑み「自分はこのように考えた」「こんな気づきがあった」「そこで自分はこのように行動して，こんな結果があった」等，実習報告書を読んだ人が状況を具体的にイメージできるように記載していきましょう。また，実習中に

表 3 - 7　実習記録の書式例

実習生氏名 _____

実習第　　日目

月　　　　日　　　曜日	天候		開　始　　　時　　　分
			終　了　　　時　　　分

1．今日の実習課題

2．実習状況

時　　間	業　　務	実　習　内　容

3．考察（気づき，課題の取り組み，今後の課題・目標等）

4．実習指導者からの指摘及び指導内容（当日の実習指導担当者記入）
担当者印

出所：淑徳大学実習教育センター『淑徳大学ソーシャルワーク実習　実習記録』2020年。

起きた出来事（客観的事実）とそこから自分自身が考えたことを分けながら書くように心がけましょう。その日に起こった印象深いエピソードが複数ある場合は，自分の実習課題と照らし合わせ，テーマを絞り，書いてみましょう。すべてを記載しようとせず，必要なものや妥当なものを選択して書くと良いでしょう。

　書く練習を積み重ねていくことで，今回の実習が自分にとってどんな学びを与えてくれたのか，どんな課題が達成できたか否かを振り返り，次に生かすための一助になってくれます。そして，実習終了後に作成する実習報告書，実際の社会福祉実践や社会福祉実践記録作成にも役立ちます。

3）実習記録を書く

　実習記録を日時に沿って正確に書くためには，論拠となる事実が必要です。実習中に起こったことをすべて記憶することは難しいので，メモを活用しましょう。ただし，場面によっては，メモに書き込む時間さえない場合もあります。空いた時間に体験，体験を通じて理解や疑問に思ったことを中心に書いてみましょう。後で思い出せるように，次の例を参考に，走り書き程度でも良いのでキーワードを書き込み，実習記録を書く際に活用しましょう。なお，メモを紛失する可能性もあるので，必ず，特定の個人を識別することがないようにメモをとりましょう。

　①　実習中の実施内容を整理して記録する。

　１日の実習のスケジュールと始まりと終わりの時間／１日で取り組んだ内容／機関，職種，業務，役割

　②　ソーシャルワーク実践での体感を通じて理解できたことを記録する。

　　職場実習において**理解**したこと　　実習先の機関・団体・施設などを規定する法／関連する制度／取り組み／機能／支援／運営上の課題や実践上の現状と課題

　　職種実習において**理解**したこと　　　ソーシャルワーカーの位置，役割，機能／ソーシャルワーカーの知識，技術，倫理，価値／他職種の位置，役割，

機能，領域

　　ソーシャルワーク実習において理解したこと　　利用者の特性／支援のあり方／実習領域の制度の現状／社会資源の特徴と現状／アセスメントの過程のあり方／チームアプローチのあり方／地域のネットワーク化のあり方／権利擁護のあり方／ソーシャルワーカーの社会的責任／政策とのかかわりのあり方

　③　実践現場での実体験を通じ，考えたことを記録する。

　印象に残った言葉や行動／実習指導者からのスーパービジョンによる気づき／さまざまな体感を通じて抱いた問題意識／支援上の課題

4）巡回指導の記録

　実習期間中に実習指導担当教員による実習指導を受けます。実習でのフィードバックや報告，さらに今後の実習での課題を話し合います。この時に，実習計画書とのズレや新たな目標や課題を実習指導担当教員に報告し，実習計画書と合わせながら次の実習の取り組みを検討していきます。実習生は，巡回指導等を記録にまとめます。

5）実習記録の留意点

　実習記録は，日々の感想文や反省文ではありません。自分自身の学びを中心に書きます。自分が行動した場面では，自分の実践仮説に基づき，行動した結果，どうなったかを具体的に書き，そこからの学びを書いていきます。また，利用者の言動，職員からの助言や指導から学んだことを書きます。何を感じ，どう考え，どう行動したのか等を整理し，次につながる課題を表現します。

　実習記録を書くということは，利用児・者と支援者の記録の練習につながります。記録は，自分に気づく，今後の支援に生かすだけではなく，状況や自分の解釈や見解を読み手に伝えるツールでもあります。一部の実習記録には，誰の言葉や行動なのか，それに対する解釈や意見なのか，主観的事実なのか，客観的事実なのか等，読み手が区別しにくいものが見受けられます。「誰」の「事実」か，「誰」の「事実に対する解釈」かを区別して記載しまし

ょう。さらに，以下の点に留意しましょう。

① 基本的文法の遵守
・主述関係，6 W 3 H 「Who（誰が），Whom（誰に），When（いつ），Where（どこで），What（何を），Why（なぜ），How（どのように），How many（どれくらいの量で），How much（いくらか）」，段落などを意識する。
・誤字脱字の確認をする。

② 適切な専門用語を用いて記述する。

③ 内容の明確化
・主題（テーマ）を明確に記述する。
・何をどのように伝えるのか，文章の構成を考えてから記述する。
・事実は脚色せずに記述する。
・事実と感じたこと，解釈を分けて記述する。
・ただ見たこと，聞いたこと，体験したことを羅列しない。観察や自分の行動等から印象や感じたこと，見解や解釈などを記述する。
・利用者の語った言葉や職員の言動は必要に応じてそのまま記述する。その際は「 」をつける。

④ プライバシー保護と尊重に対する最大限の配慮
　利用児・者の実習先のプライバシーや個人情報に関し，細心の注意を払います。仮名であっても利用児・者や実習先の個別の情報，自分自身の情報が含まれていますので，十分に注意しましょう。

⑤ 記録の管理
　実習記録は，実習指導者のご助言を記載していただき，実習後の振り返りにも用います。実習期間中の実習記録の提出や受け取りについては，実習先の実習指導者に確認して下さい。こうした実習記録やメモなどは絶対に紛失させないよう，記録の管理に責任を持ちましょう。

図3-1　記録の様式

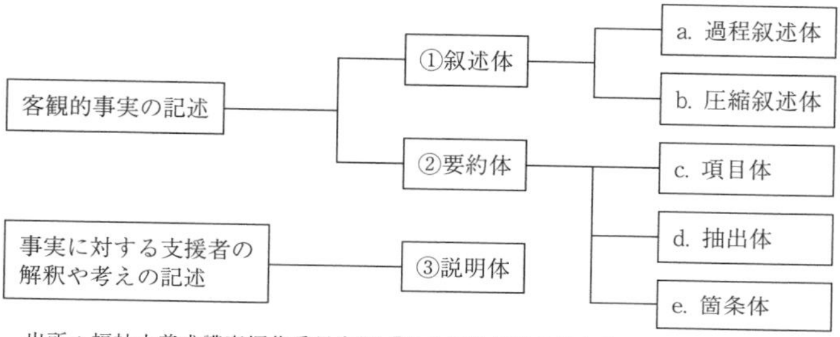

出所：福祉士養成講座編集委員会編『社会福祉援助技術各論Ⅰ　第2版』中央法規出版，1996年・相談援助実習研究会編『はじめての相談援助実習』ミネルヴァ書房，2013年を基に高梨美代子編集。

（4）記録の文体

　記録を書く際は，目的や用途によって文体を使い分けます。「客観的事実の記述」と「事実に対する支援者の解釈や考えの記述」に区別しておく必要があります。図3-1の①から③の3つの記録の形態は，記録の中でまったく別に用いられるということではなく，交互に含まれますが，実習記録も，どのような文体で書くのかを選択をします。なお，実習記録は，テーマに沿った「まとめ」を書くため，「要約体」を用いることが多いです。

1）叙述体（narrative style）

　叙述体は，「事実」を「時間的順序」で記述する文体です。原型に逐語記録があり，実際の利用児・者と支援者の支援のやりとりをありのままに記録します。a.過程叙述体は，利用児・者と支援者との行動，動作，感情なども含めたコミュニケーションを詳しく記録します。b.圧縮叙述体は，支援過程のある部分について，全体的なやりとりを圧縮して要点を短く記録します。利用児・者と支援者の援助の経過，過程を記述する文章はこの文体が多いです。

2）要約体（summary）

　実習記録ではこの文体を用いて記録すると良いでしょう。要約体は，支援

者の解釈を含めた「事実」の要点を明らかにする文体です。事実を素地とする，b.圧縮叙述体とは違い，支援者の「解釈を含めて事実を再整理」したものです。要約体は3種類あります。c.項目体は，支援過程ではなく，客観的事実をテーマごとにまとめ，それを項目立てて整理して記録，d.抽出体は，支援過程が長期にわたる場合など，利用児・者の心や行動などの変化を抽出して記録，e.箇条体は，一つひとつの条項に分け，支援過程や内容の重要な部分を抜き出して並べ替えて記録します。生活史，報告書などはこの文体が多いです。

3）説明体（interpretation style）

　説明体は，客観的事実に対する支援者の解釈や見解を述べた文体です。アセスメント，報告書などはこの文体が多いです。

（5）機関・施設で作成される記録

　現場では，さまざまな実践上の記録を書くことが求められます。記録の様式は，法律上で作成と保管が定められたものと実習先独自に作成したものがあります。以下に，記録の様式例を列挙しましたので，参考にして下さい。

　① 情報整理のための様式

　利用児・者の属性などの基本情報の書式／利用児・者のニーズを明確化するために用いる書式／利用児・者の生活課題を理解するために用いる書式。

　② 支援計画を明確にするための様式

　支援計画を明確にするために用いる様式／支援計画を整理，確認するために用いる書式／支援の効果を評価するために用いる書式。

　③ 実践経過記録の様式

　実践した内容を記載するために用いる書式。

　④ 連絡のための様式

　利用児・者やその家族との連絡に用いられる書式／施設内の職員と利用児・者や関係者に関し情報共有するための書式／連携する機関・施設・医療

機関などとの連絡に用いられる書式。

⑤　契約に関する様式

必要に応じて関連するサービス申請や契約に用いられる書式。

⑥　権利擁護に関わる様式

個人情報保護法での取り決め時に用いられる書式／拘束の必要性時に用いられる書式／虐待などの発生時に用いられる書式。

⑦　施設・機関で利用する様式

施設運営やサービス運営に関する書式／社会福祉現場でよく用いられる書式として，フェイスシート／インテーク用紙／ジェノグラム／エコマップ／ADL 評価表／ IADL 評価表／ QOL 評価表／精神機能評価表／アセスメントシート／ケアプランシート／ソシオグラムシート，社会資源リスト／経過観察チェックリスト／経過観察記録／地域ケア会議記録等。

　実習先で記録を閲覧させていただくと，記録を通じた学びがあります。利用者のニーズ，アセスメントの一連の過程，支援から得た情報をどのように整理し，記録をするのか等，実践に即して学ぶことができます。ただし，個人情報保護等の制約により，記録の閲覧が困難な場合があります。その場合は，書式だけでも閲覧できれば，情報収集の項目，視点などを学ぶことができます。

5　事例にみる事前学習による学生の気づき

　学生たちは，事前学習によってさまざまな気づきを得，それを実習に活かしていくことになります。ここまでの解説に関する学生たちの反応のいくつかを最後に紹介します（事例は，テキスト用に必要な修正を加えたものです）。

（1）事例①──実習前に実習先施設に関する整理を行った西田さん

　3年生の西田さんは，8月から児童養護施設において実習を行うこととなり，その事前学習として児童養護施設について学習を進めました。その結果，児童指導員の任用資格には社会福祉士のみならず，大学において心理学や社会学を修めた学士や一定の実務経験を有する人等が含まれていることを知り，また，施設における職員1人当たりの配置基準は児童指導員と保育士別に規定されるのではなく，児童指導員と保育士とを合わせた基準となっていることを知りました。さらに，ファミリー・ソーシャルワーカーとして，家庭支援専門相談員が配置されていることを知りました。

　西田さんは社会福祉士としてのアイデンティティを高めようとしていたのに，実際にはケアワーカーである保育士との業務区別が設けられていないことにショックを受け，児童養護施設における保育士と児童指導員，家庭支援専門相談員の業務の役割分担や連携のあり方について深く学びたいと思い，実習課題に取り入れることにしました。

（2）事例②──実習オリエンテーションで事前学習について聴かれた吉川君

　特別養護老人ホームで開催された実習オリエンテーションには，吉川君のほか他大学の実習生も数人来ていました。実習指導者は，集まった学生たちに各大学での事前学習の内容について問いかけました。

　吉川君は，実習では利用者である高齢者の方々と触れ合うことのみを期待していたため，あまり施設の法的位置づけ等の事前学習には熱心ではありま

せんでした。そのため，特別養護老人ホームの性格や介護保険制度，社会福祉士としての実習の内容等についてほとんど答えることができず，実習担当者から「君の大学の実習教育は，一体どうなっているのか」と指摘され，後日，大学にも電話が入りました。

（3）事例③——事例研究で自分の親との関係に気づかされた大木さん

　事前学習においてグループで不登校児童の援助事例を検討していた大木さんは，途中，胸が苦しくなり，討議に参加することができなくなりました。子どもに対する母親の対応に無性に腹が立ち，親らとの面接における援助者の姿勢に共感している他の学生にいらつき，子どもの気持ちに涙が出そうになっている自分に気づいたのです。他の学生が客観的に親の態度や援助者の姿勢をとらえていることにも腹が立ち，ついきつい表現をして他のメンバーを驚かせたりしました。

　授業終了後，担当の教員に相談に行ってじっくり話を聴いてもらった結果，自分自身がこれまで親の期待どおりに行動していたことに気づき，自由に生きる姉をうらやましく思っていることに気づかされました。大木さんは，これからも担当教員との話合いを続けるつもりでいます。

注

(1)　岡村重夫『社会福祉原論』全国社会福祉協議会，1983年，71頁。

(2)　秋山智久『社会福祉実践論改訂版——方法原理・専門職・価値観』ミネルヴァ書房，2005年，207頁。

(3)　厚生労働省社会・援護局福祉基盤課福祉人材確保対策室「社会福祉士養成課程のカリキュラム（案）」2019年，65頁（https://www.mhlw.go.jp/content/000525183.pdf，2020年8月5日アクセス）。

(4)　厚生労働省社会・援護局福祉基盤課福祉人材確保対策室「社会福祉士養成課程のカリキュラム（令和元年度改正）」2020年，57頁（https://www.mhlw.go.jp/content/000606419.pdf，2020年8月5日アクセス）。

(5)　厚生労働省社会・援護局福祉基盤課福祉人材確保対策室「社会福祉士養成課程

のカリキュラム（令和元年度改正）」2020年，57-58頁（https://www.mhlw.
go.jp/content/000606419.pdf，2020年8月5日アクセス）。

参考文献

秋山智久『社会福祉実践論改訂版——方法原理・専門職・価値観』ミネルヴァ書房，
　2005年。

岡村重夫『社会福祉原論』全国社会福祉協議会，1983年。

小木曽宏・柏木美和子・宮本秀樹編『よくわかる社会福祉現場実習』明石書店，
　2005年。

柏女霊峰「事前学習」岡田まり・柏女霊峰・深谷美枝・藤林慶子編『ソーシャル
　ワーク実習』有斐閣，2002年。

川延宗之・高橋流里子・藤林慶子編著『相談援助実習』（MINERVA社会福祉士養
　成テキストブック⑦）ミネルヴァ書房，2009年。

川村隆彦『価値と倫理を根底に置いたソーシャルワーク演習』中央法規出版，2002
　年。

社団法人日本社会福祉士養成校協会編『相談援助実習指導・現場実習　教員テキス
　ト　第2版』中央法規出版，2015年。

淑徳大学実習教育センター『2020年度淑徳大学相談援助実習Ⅱ　実習記録』2020年。

淑徳大学総合福祉学部『相談援助実習Ⅱの手引き』2020年。

淑徳大学総合福祉学部社会福祉学科精神保健福祉援助実習運営委員会『精神保健援
　助実習の手引き』2020年。

相談援助実習研究会編『はじめての相談援助実習』ミネルヴァ書房，2013年。

日本ソーシャルワーク教育学校連盟『相談援助実習ガイドライン』2013年。

福祉士養成講座編集委員会編『社会福祉援助技術各論Ⅰ』（改訂社会福祉士養成講
　座⑨）中央法規出版，1996年。

宮田和明・加藤幸雄・野口定久・柿本誠・小椋喜一郎・丹羽典彦編『社会福祉実
　習』中央法規出版，2007年。

山縣文治・柏女霊峰編集代表『社会福祉用語辞典　第8版』ミネルヴァ書房，2011
　年。

<table>
<tr><td>第4章</td><td>実習に向けて考えるべきこと・
実習を通して深めるべきこと</td></tr>
</table>

　本章では，実習に行くために進めてきた事前学習の「質」について，最終的な点検を行っていきながら，実習で求められる基本的な力（チカラ）を学習していきます。基本的な力（チカラ）には，ものごとの考え方，考え方を創り上げている構成方法も含まれていきます。皆さんはこうした基本的な力（チカラ）を身に付けた上で，さまざまな利用児・者から提起される多種多様なメッセージに対して，定められた実習期間内で，いかに多くの成果（表面的に見える効果性に限らない）を挙げることができるかについて，今一度その過程を確認していきましょう。

1　事前学習と実習との「連続性」を意識化すること

（1）事前学習と実習との関係性

　皆さんは第3章の「第3節　配属先について調べる」で，事前学習の一環として，各実習先ごとに求められている「しらべ学習」の項目について，インターネットやこれまで使用した教科書，授業で配布された参考資料等を基に，何らかの「カタチ」にまとめあげていく大切さについて理解できたと思います。また，第3章の「第4節　実習を有意義に過ごすために——実習手続きや実習課題の設定・記録の書き方」の「（2）実習計画の作成」において，実習を通して何が学びたいのか，またどのような方法でそれを学びたいのかということを，実習計画書といった皆さんの学校で定められた書式に基づき，具体的にしていくことが実習準備の必須項目であることを学びました。

実習計画づくりを通して，はじめて「（実習先についての）しらべ学習」の内容を，自分自身の言葉に置き直して組み立て，実習の目的や意義（自分の関心や問題意識），実習を通して学びたいこと（具体的な達成課題），そのための具体的方法・手段を明確化していく作業に着手していったことと思います。

　ここで皆さんと"実習前の重要な点"を点検・確認しておきたいと思います。「実習前の重要な点」とは，実習先について理解するための必要事項（学校で配布される「実習の手引き」等に掲示されている，皆さん一人ひとりが調べることを求められている事項）について，それなりに調べたにもかかわらず，その内容のほとんどを「これからの実習のために使いこなしていく（活かしていく）」ことなく，「調べた」時点でほぼ「お蔵入り（未活用）」にしてしまってはいないかどうか。そしてこのことにさほど疑問をもたず，実習計画策定の段階を過ぎ去ろうとしてはいないかどうか，についての確認・点検です。

　少しでも思い当たることがあるならば，皆さんはもしかすると①〜③のような状態になってしまっているのではないでしょうか。

① 「しらべ学習」で実習先に関わる法制度，現状等を資料から抜き出したけれど，そこから何をどう実習計画づくりに反映させていけば良いのかがわからない。情報収集をするうちに，ついはまり込んでしまい，考えることに時間を使わない，または使う時間がなくなってしまった。

　（→「しらべ学習」はしたが，「調べた」だけで，収集自体が自己目的化。さらに，「実習への思い（動機）」も「家から近い」「先輩がいい施設と言っていたから」等で留まっており，調べたデータを前に思考停止状態になっている）

② 配属先に関してやっとまとめあげた「実習課題」は，「実態の羅列」にすり替えられている。「実態」＝「課題」と捉え違えているために，「自らの実習課題」として設定できていない。

――― ②の例　児童福祉施設で実習した学生の場合 ―――

　入所理由で最も多いのが「配偶者からの暴力」である。子どもはそれを間近で見ていたり，入所世帯の4割は子どもへの暴力もある。母子家庭への移行過程，施設入所という環境の変化が子どもに与える影響は大きく，子どもへの支援も強く求められている。その中でソーシャルワーカーとしてできることは何があるのかについてたくさん学びたい。

③　「しらべ学習」から抜き出した「興味ある内容」を，別の「興味ある内容」との脈絡（相互性）を意識化せず「課題」と称して羅列しているため，最終的に見直した時，うまくまとめきれず，自分でもどう手を加えたらよいのかわからなくなってしまった。

　細かい項目を網羅しているうちに十分だと思い，大きい「押え」を外してしまい，社会福祉士実習として必要な内容の「漏れ」を見過ごしてしまっている。

――― ③の例　児童福祉施設で実習した学生の場合 ―――

・子どもの行動の本当の意味についてよく考え，観察したい。
・子どもと特定の大人（職員）の間にできる愛着関係について観察する。
・愛着関係が形成されている子ども同士の仲立ちとしての職員の働きかけ，行動について観察する。
・母親に子どもの気持ちを伝えるにはどうしたらよいのかを学ぶ（子どもが直接母親に伝えるのがいいのか，職員を介して伝えるのがいいのか）。
・母親と子どもの関係を取り持つためには，どこまで手を貸してあげればいいのか（どこまで母子の生活に踏み込めばいいのか）を学ぶ。

　「実習に向けての準備」という学習段階と，皆さんがどのように一歩踏み込んで向き合ったかが，実は実習成果を左右する大きな要因であるといっても過言ではありません。では，前述のような状態に皆さんが陥ってしまっていた場合，どうすれば「そこ」から突破していくことができるのでしょうか。
　結論をいえば，興味のおもむくまま，目に留まった「実態」を「実習課

題」にすり替えて羅列したまま実習に入ったのでは，実り多い実習は難しいということです。まずは，自分の「実習仮説」が設定できているかを点検・確認していくところから始めていきましょう。

　本来「仮説」とは，いろいろな事実を筋道立てて考えていくための手段（仮に「～ならば～ではないか」と考えること）です。これを皆さんの実習課題づくりにあてはめてみるならば，法令集，実習先種別に関しての実態調査や，最近の利用者の動向等に関する「しらべ学習」を通じて集めた情報から，どのようなことが読み取れるのかを考え「推論」を展開していくことになります。「しらべ学習」に基づいて，そこから見えてくる「事実」がどういった課題性を発信しているのかを掘り下げ，そこに自らが実習生としてどう関わりをもっていけるかを「意識化」し続けていく姿勢が，実習でのさまざまな体験や気づきを，より発展させ・深める「礎（いしずえ）」となるのです。

　なお，１年生から実習を行う場合は，できるだけ，できるところまで，こうした学習を準備学習に取り入れ，行ってみるようにしましょう。

（2）「実習」に向けた推論の点検作業──しらべ学習の「立体化」

　実習先に関して行った「しらべ学習」の点検作業を行うにあたっては，何らかのフレームワーク（点検ボックス）があると便利でしょう。「（1）事前学習と実習との関係性」でも触れましたが，ありがちなのは，興味のある現象だけに固執し，それだけで終始してしまう「しらべ学習」です。シンプルなフレームワーク（点検ボックス）に基づきつつ，社会福祉士実習として必要な実習メニューに即して，バランスよく「しらべ学習」を確認していきましょう。それによって「しらべ学習」における皆さんの偏りを発見することができるからです。興味・関心のある内容だけから実習課題を設定し，その結果，非常に偏った「実習計画」を作成してしまうことを回避することにもなります。また，調べ出された事実間の相互性を見つけ出しやすいという利点もあります。

図4-1　実習仮説設定に向けたしらべ学習のための点検ボックス

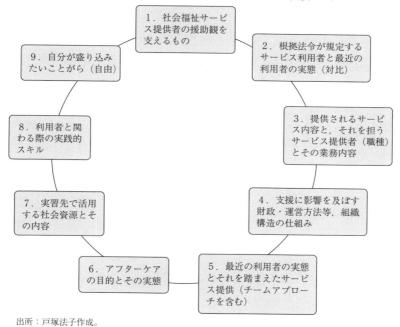

出所：戸塚法子作成。

　以下では，筆者の学校で使っている「実習の手引き」に提示されている「しらべ学習」に基づいて，9つの領域（点検ボックス）を設定してみました（図4-1参照）。それぞれのボックスは，相互に重複せず，かつ全体として漏れのない，大きな一つのかたまり（集合体）を構成していきます。

　各々のボックスに基づいて調べた情報を，前述したようにそのまま実習課題として置き換えるのではなく，そこから一歩踏み込んで自分の言葉に置き直して「仮説」を設定し，それに基づいて情報を意味あるかたまりに繋ぎ合わせていくというクセ（習慣）を実習前に付けておくことが，実習先で見聞きしたり体験したりしたことを，掘り下げ考えていくための「近道」になっていくのです。

では少しずつ，これまで溜めてきた情報を取り出し「推論」していきましょう。最初はそれぞれのボックスごとに仕分けされたことで改めて見えてくる傾向性を整理していきます。各ボックスごとに情報が溜まっていくことで，領域特有の課題の芽が発見しやすくなっていきます。仮説設定においては，一連の情報をどういう「切り口」で整理していくかが「鍵」となってきます。

　また，実習先選択の大前提となった元々の「思い（実習動機）」が明確であれば，その思いに関連するような情報を見つけ，そうした情報のかたまりを「起点」に考えていくと意外にすっきりとまとまっていきます。

　情報を整理していくプロセスで発見した課題の芽をどのように拾い上げ，それをどう自分の言葉で表現して良いかがわからないため，借り物言葉（資料からの抜き出し）で大雑把に表現してしまうこともあるでしょう。「括ってまとめる」というこの作業に，皆さんなりの「ひと手間」をどうかけるかによって，自らが目指そうとする実習像がはっきりと見えてきます。「まとめる」という作業をうまく進められない人は，「論理的に考える」ことをあまりしてこなかった人かもしれません。

　整理した情報に皆さんなりの「切り口（論理）」で順序づけ（系統立て）を行い「再構成」していく，そして，似通った傾向の情報が発信する共通のメッセージをつかみとる，という作業が実習までにできていないと，脈絡なしに興味本位の情報を実習計画に取り込み，説得力に欠ける実習計画を実習先に届けることになってしまいます。

　フレームワーク（点検ボックス）に基づいて情報を少しずつまとまりのあるカタチに再構成していくことが「論理的にモノを考えるクセを付けていく」出発点になるのです。具体的な課題設定の作業は，この延長線上に待っています。情報を取り扱う力（チカラ）を付けることで，実習先で出会う出来事への皆さんの向き合い方も大きく変わっていくのです。つまり「出会ったこれらの出来事から読み取れる事実からすると，○○というように考えることができるのではないか」というような，「あたり」がつけられるように

なっていくのです。このことが「推論」の作業につながります。さらに「しらべ学習」を通して「情報収集のコツ」がわかってくると，知りたい情報を得るために，事前訪問等で実習先に訪問した際，誰（職員）にどのような質問をすれば良いのかもわかってくるのです。

　ときどき目にするのが，なぜその実習課題を設定したのかについて，皆さんの意図が十分に伝わらない実習課題です。実習仮説（実習目標）不在のまま，細かく砕かれた内容（ミクロレベルの内容）ばかり設定してしまうと，「実習の全体像」が見えないばかりか，皆さんがどこへ向かって行きたいのかがわからなくなってしまうのです（下記の例参照）。

実習課題の例

　生活している子どもの6割が乳幼児と比較的低年齢の子どもが多い。またDVを見ていたり，虐待を体験している子どもが多くいる。このことは，親子関係や子どもの成長に大きく関わる。その時々にその子どもに合った関わり方，積極的に関わった方が良いのか，できる限り関わりは少ない方が良いのかなどを理解できるようにしていきたい。

- - - - - - - -

一般家庭での母親でも育児に悩む人は多くいる。そのように一般家庭で暮らしている人と，実習先で暮らしている人とでは何が違うのか。親自身に援助が必要な家庭で育っている子どもの成長はどうなのか，子どもにとってどのような支援をしていけば良いのか，どのような支援が求められているのか，観察や関わりを通して学びたい。

　さらに，最初から細かいことばかりにとらわれてしまうと，狭い視野で情報を捉えようとするクセがついてしまいます。私たちは身近なことに目がどうしても向きやすいため，ついそうした内容に絞ってしまいがちになります。誰しもそうした傾向はあります。

　「考える」プロセスにおいて，自分の実習像をどう意識的に構成していくかでは，前述した初期の思い入れも大切な要素です。実習仮説を立てるには，

119

皆さんが考える「切り口」に基づいてあらかじめ関連情報を整理していくことが必要になってきます。その作業を通してどのような実習にしたいかに関する「全体像（実習目標と具体的課題の関連性）」を説明するロジックツリー（ある事柄を論理的に分析・発展させていく手法。問題の原因を掘り下げたり，課題を達成していく際の方法を具体化したり，ということを，限られた時間枠の中で追求していくときに役立つスキル。因果関係で結びつけられている各項目同士の全体像）が，皆さんなりに頭の中で思い描けていないと，実り多い実習にはつながっていきません。「理由（なぜその課題を設定したのか）」のない課題の羅列では，実習で体験する多様な事柄を深めていくことはできないのです。なぜその課題でなければならなかったのか，設定した課題の後ろに潜む「意味性〈WHY？：なぜ，どうして〉」を常に自問自答し，それを引き出していく力（チカラ）が必要になってくるのです（図4-2参照）。

　こうして皆さん個人のオリジナルな実習計画書は，9領域に沿いながら，「実習仮説⇔実習課題」のつながりを意識しつつ，「論理的に点検する」なかで整えられていきます。実習に臨む際に大事なことは，「情報・データをいかに多く集めるか」ではなく「その活かし方，使い方をどれだけ自分の力（チカラ）で考えられるか」なのです。その作業が事前学習であり，実習計画の立案です。

　では，次に実習仮説（実習目標）を皆さんなりの具体的な「カタチ（個々の実習達成課題）」に落とし込んでいきましょう。「実習（ACTION）」とは，9領域に落とし込まれた情報（実態）を前提に，自ら掲げた実習仮説（実習目標）を取扱い可能ないくつかのサブゴール（具体的な達成課題）に細分化・部分化（PLAN）し，それらに基づく取り組み（DO）を自分なりに検証（CHECK）していく過程なのです。

図 4 - 2　実習仮説設定までのフローチャート

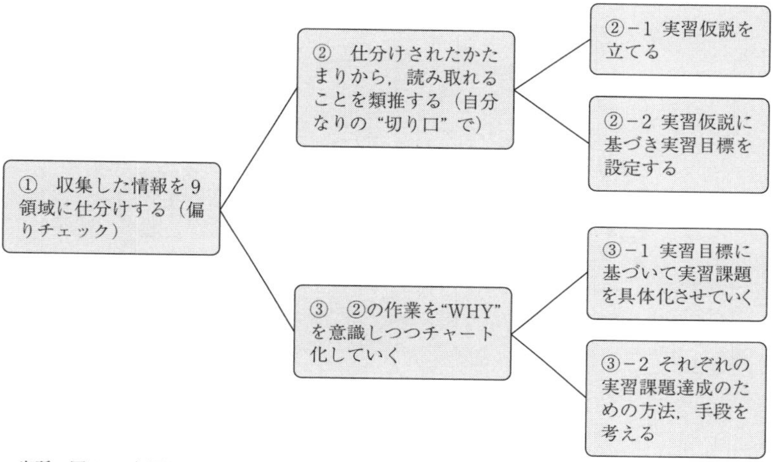

（3）「実習準備」の段階から「実習」へとつなげ・深めていくべきこと
── 3 段階モデルを踏まえて

　いよいよ自分の実習仮説から導き出した実習目標（ゴール）を達成すべく，自らの言葉で表現した具体的な実習課題（PLAN）を，さまざまな実践的手法（DO）に基づいて検証（CHECK）していく全体のプロセス＝ "実習（ACTION）" がスタートしていきます（PDCA）。

　「実習（ACTION）」を大きな括りで捉えた場合，前章でも述べられているように，「事前訪問（実習に際して行われる打ち合わせ，実習オリエンテーション，他）」「プレ実習（実習に入る前に数日から 1 週間程度，あらかじめ先行して行われる実習）」「基礎実習（社会福祉士実習が 2 期に分けて行われる場合，第 1 期目に相当する実習，低学年での実施，他）」等が含まれます。こうしたさまざまな実習機会を通じて，いろいろなアングルから集められた情報は，実習準備段階で収集したしらべ学習に合流・再統合されていくことにより，「推論」が一段

図4-3　進化し続けていく実習課題

"気づき"による，実習課題，方法の"上書き"

事前訪問，オリエンテーション，プレ実習で得た"気づき"

実習仮説，目標づくりに向けた，しらべ学習

出所：図4-1と同じ。

と掘り下げられ，「新たな気づき」に発展していきます。そうした「気づき」を，既存の達成課題にどう「上書き」していくべきかということも含めつつ，実習課題自体は常に「進化」し続けていくのです（図4-3参照）。社会福祉現場で創り出される時間と独特の環境下で，実習課題は刻一刻と「変化」し続けていきます。それゆえに実習前の準備段階において，情報を適当にまとめて進んでいくこと等はあり得ないのです。

　社会福祉士実習は新たに240時間以上という総時間数の中で，引き続き以下に掲げる3つの内容の実習を行っていくことになります。3つの内容の実習とは，①職場実習，②職種実習，③ソーシャルワーク実習，です。まずは，それぞれの実習について日本社会福祉士会編「社会福祉士実習指導者テキスト」（中央法規出版，2008年），日本社会福祉士養成校協会編「相談援助実習指導・現場実習教員テキスト」（中央法規出版，2009年）に基づき，簡単に説明しておきましょう。

　①　職場実習

　一言で言えば「職場の仕組みと機能を全体的に理解する実習」です。ねらいの一例として，看護職，調理部門，事務部門，ケアワーク部門といった他

専門職の存在とその働きを理解しつつ，ソーシャルワークとの連携を把握できるよう，十分配慮して行っていく実習です。「専門職理解」には，その専門職固有の方法があり，他専門職の利用者理解とは異なるものとして教育・指導されていかなければなりません。職場実習は概ね 1 週間程度行います。

② 職種実習

　職場における実習指導者の職種の位置づけと，ソーシャルワーカーとして担っている業務全体を体験し理解していく実習です。ねらいは，ソーシャルワーカーが実際に現場で働く上で関連・派生する周辺諸業務を学ぶことにあります。例えば，実習指導者の 1 日に密着して観察したり，日課表に記録をつける方法等も有効になります。

　職場実習，職種実習では，主な援助対象となる利用者の状況，想定される制度やサービス，資源の活用状況，機関・施設等組織の状況，専門職の役割等を理解し，それらがどういったニーズに対して，誰がどのように，何のために機能しているかを学んでいきます。

③ ソーシャルワーク実習

　ソーシャルワーカーである社会福祉士（＝実習指導者）が，利用者一人ひとりが抱える個別の課題（ニーズ）を把握し，どのように解決へとつなげ，地域社会の中で組織ミッションをいかに達成しようとするのかを学ぶ実習です。この実習を通じて，社会福祉士像の伝達，実習指導者による日々の実践の中に埋め込まれている専門性（判断の的確性，スキルを使うタイミング，ヒューマニズム，的確な身体の動き等），総合的かつ包括的な支援における多機関・多職種，地域住民との連携のあり方を伝えたり，実践的に示すことなどで伝えていきます。すなわち，実習指導者の専門性を反映しているソーシャルワーク実践の全体像を把握し，実習生自らがソーシャルワーク実践を試行することを目指していきます（図 4-4 参照，次頁）。

図4-4　社会福祉士実習に含まれる３つの実習
の相互関連性（イメージ）

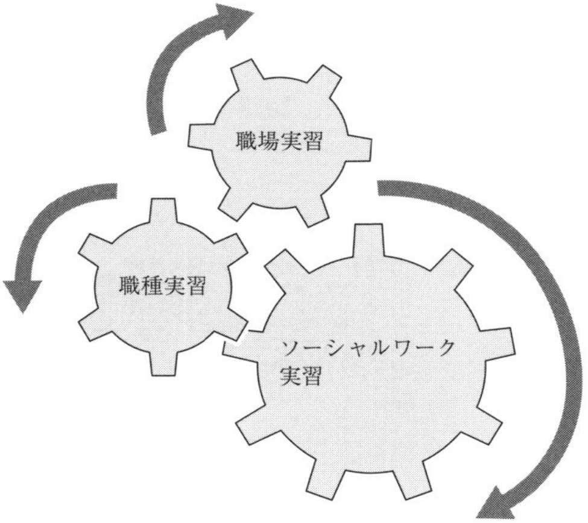

出所：図4-1と同じ。

> 「ソーシャルワーク実習」においては，ニーズ把握，アセスメント，援助目
> 標・計画の作成，契約，サービスマネジメント，資源調整・動員，資源開発，家
> 族，地域関係調整・連携，モニタリング，サービス評価，苦情解決，代弁，運営
> 管理，スーパービジョン，職員研修，ソーシャルアクション，利用者のエンパワ
> メント，利用者と環境との接点への介入，等を特に意識して学習しましょう。

　これら３段階実習の一部が，他段階の実習に入り込むことはあるとしても，
上記のような「基本」に則ることで，「実習現場の全体」が「実習体験」と
して定着すると考えられています。そしてこの３段階実習が，実習指導者に
よる実習指導プログラム（→実習日程表）に反映されていくことになります。

　皆さんが作成した実習計画書は，実習指導教員とのやり取り（指導）を基
にしつつ完成したところで，事前に（少し余裕をもって）実習先に届けられま
す。実習先の実習指導者（社会福祉士）は，それを考慮しつつ，先の実習日

程表を最終調整していきます。こうして３段階実習が盛り込まれた実習日程表に基づいて，皆さんはあらかじめ，実習展開の予測が立てられ，不安の軽減にもつながり，事前学習とも刷り合わせていくことが可能になります。

　そして実習日程表に沿って展開されていく実習メニューを通じて，知識・技術，実習態度を皆さんがどの程度発揮できたかという側面から実習評価がなされていきます。具体的には学校から実習先に送付される「実習評価票」に掲載されてある「評価項目」に則って評価がなされます。

　皆さんの「実習仮説」に基づいて設定した「実習目標（包括的課題）」と，それを基軸にした「ロジックツリー（手法）」によって，繋ぎ合わせられていった，「具体的達成課題」と「具体的方法」がリンクし合うことで，「的（＝実習目標）を外さず」，積極的に行動に反映されていくことになります。

　ではこうして実習（ACTION）から得られていくさまざまな成果物を，実習初日以降，どのようにまとめ，自らに還元していったら良いのでしょうか。皆さんの日々の実習を映し出す重要な資料として「実習記録」があります。その内容は大学によって若干の差はありますが，およそ以下の事柄で構成されています。

　　①　今日の実習課題
　　②　今日の実習状況（いつ，どのようなこと／業務を行ったか）
　　③　今日の実習についての考察（課題の取り組み，気づき，今後の課題・目標）

　実習（ACTION）の大前提は，あくまで皆さんが作成した，実習目標に基づいた「具体的な実習課題」です。それを実習日程表に沿いながら達成していくことになります。「具体的な実習課題」は，その内容に応じて，実習前期〜後期におおよそ振り分けられつながり合って展開されていきます。また実践現場に入っている以上は，現場特有の環境や皆さん側の事情によって，課題達成の程度や方法は微妙に変更されていくこともあり得ます。当日，皆

さんが実習したことは，「①今日の実習課題」を念頭におきつつ，「②今日の実習状況」の枠内に要約記録体のかたちで時系列にまとめられていきます。そしてその概要を踏まえつつ，「今日の実習課題」がいかに，どう達成されたのか，また達成できなかったところがあればそれは何であったのかを，皆さんが実習中に抱いた「気づき」を織り交ぜながら整理して行きます。そこから現れてきた今後に向けての反省点（→課題）が，当初設定した実習課題に「上書き」され，「明日以降の実習課題」として実行に移されていくことになります（図4-5参照）。

　しかし，日々のさまざまな実習プログラムを消化することで精一杯となり，実習中に体験しているさまざまな出来事への掘り下げを自分一人の力で行うことに抵抗感を覚えることは誰しもあることですし，自分一人で行うことは意外と難しいものです。そのためにも施設・機関の中で実習指導者が定期的あるいは随時行う実習スーパービジョンの機会を積極的に活用したり，実習指導に関わる教員が実習先に出向いて行う巡回指導というスーパービジョンや，皆さんが学校に戻って受ける帰校指導におけるスーパービジョンの機会を上手に活用して，自分の中のいろいろな「気づき」を深めたり，実習課題につなげていく作業を行っていきましょう。ここでの教員からの助言や指導は，それまでの実習に対する取組み姿勢を見直す意味でも重要な機会となっていきます。こうしたスーパービジョンを実習教育スーパービジョンと言います。効果的に活用することにより，実習そのものを有意義に進めていけるようにしていきましょう。

　「実習のまとめ」においては，これまでの皆さんの全実習過程をふりかえりつつ，その期で行った一定時間の実習での成果と今後への課題を検討していきます。

　実習期間中，皆さんの日々のこうした課題を「上書き」していく基（もと）は，利用者の方との日々の関わりや，職員の方との実習スーパービジョンを通して得られた「生の声」「経験知」です。これら一つひとつは今後，

図4-5 「実習（ACTION）」をつなげ・深めていくということ

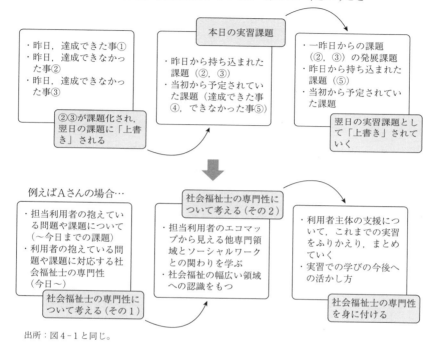

出所：図4-1と同じ。

皆さんのソーシャルワーク実践像を形成していく上できわめて貴重な財産となっていくことでしょう。実習中，さまざまなライフスペース（生活空間）を通じて，利用者の方や多機関・多職種の方々と多様なコミュニケーションを図ることによって，皆さんの実習施設・機関でのソーシャルワーク実践が，逆に鮮明になっていくのです。

　新しい教育内容等の見直しにより，実習総時間が180時間から60時間増えた240時間以上という時間枠の中で，皆さんのモチベーション（動機づけ）も，個人的なそれ（実習直前までの準備学習を通じて培ってきたもの）から，さまざまな職種の方々との関係性に軸足をおいたチームワーク的なものへと発展し・変貌をとげていくことになっていきます。実習先でのさまざまな職種の

方々とのネットワークに実習生として入り込むことによって，皆さんの役割も，そうした人々との「相互作用」を通じてより明確化されていくことになるでしょう。また，利用者や職員との関わりの過程を通じて，何らかの肯定的評価をより得たいという気持ちも強くなっていくことでしょう。実習という名の「実践」を毎日試行錯誤しながら積み重ねていくことによって，皆さんは貴重な方向へアンテナを振り向けながら，キャッチした貴重な情報を基に，少しずつ柔軟な活動が行えるようになっていくのです。そうした過程の中で実感していく「成長」こそが，ソーシャルワーカーとしての皆さんの明日を創っていく「原点」となります。

2　実習体験を「次」につなげるためにすべきこと
——実習中のエピソードをどう活かすか・そこから何を学ぶか——

　本節では前述の実習生による記録でも提起されていた，利用者の方からの「声」について，同様に焦点化している別の実習生（就労継続支援 B 型で実習，3 年生）が作成したエピソードを綴った記録を紹介します（内容の表現方法等を個人情報保護の見地から一部筆者が変更）。

（1）利用者との関わりから得られた気づき
1）実習10日目の事例——ニーズが理解できなかった事例①
　本事例は，就労継続支援 B 型事業所にて実習している福祉系大学の学生（私）と施設利用者（佐藤さん〔仮名〕）の事例です。佐藤さん（女性：38歳）の病名は統合失調症。施設を利用して 5 年が経ちます。
　就労継続支援 B 型事業所での実習10日目。少しずつ利用者との会話にも慣れてきた頃の出来事でした。通所される利用者と一緒に作業を行い，コミュニケーションを図り利用者のニーズ等を把握するという実習形式でした。

　隣の席に座った佐藤さんとは何度かお話したことがあり，挨拶から始まり，その日の天気の話など少し雑談ができるようになってきていました。佐藤さんは施設を利用して5年が経ち，毎日通所されているとの事でした。雑談はできるようになってきたため，佐藤さんについて理解を深めようと今日は将来の希望について話しかけてみました。今日の佐藤さんは表情も明るく，体調も落ち着いているように見えました。

　私からの質問に対し佐藤さんは，「就職したいと考えている，でもまだ早いかなとも思う，できるかわからない，不安だけど，でもいつかは就職したいと思っています」と話して下さいました。佐藤さんは下を向き，少し自信がなさそうな様子で話しているように見えたため，どのように声をかけたらよいのか迷ってしまい返答するまでに少し時間がかかってしまいました。「きっとできますよ」と声をかけると，はにかみながら「ありがとう」と答えてくれました。

　午後，佐藤さんと作業を一緒に行うことになり，時折雑談を交わしながら作業を進めていると，佐藤さんがおもむろに，「昔いじめられていたことがあったんです。……あの頃は辛かったな……。今でも覚えてる……。両親にも伝えたけど，いじめられるお前にも原因があるってわかってくれなかった……」「あの時辛くて死にたかったな……」と話して下さいました。私は何か言おう，応えなきゃと思ったが，どのように返したらいいのかわかりませんでした。せっかく辛い過去を話して下さったけれど，私の一言で体調を崩してしまったらどうしよう，気分を悪くしてしまったらどうしようと心配になり，結局小さな声で「そうだったんですね」と返すのがやっとでした。その後，少し沈黙が続くうちに作業が立て込んだため，会話は自然と終了し，それ以上話すこともなく今日の実習が終了してしまいました。もう少し言葉をかけることができればよかったと課題が残る1日でした。

　実習生は佐藤さんと何度か雑談を交わし，コミュニケーションがとれてき

たと感じていました。しかし，佐藤さんの「声」に触れることができたものの，その「声」に驚き，受け止めることが難しく，思ったようには返すことができなかったのです。利用者の「声」に触れ，その声に対応しようとするも上手くできなかったことから，コミュニケーションをとることの難しさを感じるとともに自分自身の課題の発見ができた事例です。

　事例①のように，実習生は特に自分の関わりや声掛けにより，利用者を不安にさせてしまうのではないか，迷惑になるのではないか，体調を崩してしまうのではないかと不安に思い，どのような言葉をかけてよいのかわからず，沈黙となってしまうこともあるでしょう。

　しかし，それはいくつかのチャンスを逃してしまうこととなるのです。コミュニケーションをとることで相手を理解することができます。佐藤さんが発した「声」を受け止め，返すことでコミュニケーションが成り立ちます。それにより，佐藤さんに安心感を与えることができ，受け止めてくれた，話してよかった，聞いてもらえた，という感情が湧きます。これは信頼関係の構築に大きく影響します。また，利用者が自分の思いを他者に話すことにより自分自身と向き合う作業にもなり得ます。このことから，コミュニケーションを図る必要性がわかるでしょう。

　ここで注意したい点は，コミュニケーションの質です。相手に話しかける，返事をするといったアクションだけではなく，表情を変える，うなずき方を工夫することでも相手に安心感は与えられるものです。言葉にせずとも伝わるものもあれば，言葉にしなければ伝わらないものもあります。その点に留意してその場に合ったコミュニケーションを見出すべきです。大切なことは，聞いてくれる，隣にいてくれる「相手」であることです。

　そして，利用者が発する「声」に気づき，利用者の思いをくみ取り利用者が主体的に生活を送ることができるようどのような支援が必要か考えることです。また，生活相談員は利用者の声にならない「声」にもアンテナを張る

べきです。事例①では実習生は，どのように返したらよいのかわからないゆ
えに生まれた沈黙であったが，利用者が放つ沈黙を「声」としてキャッチす
る必要があります。話したい気分ではないこともあれば，相談したいことが
あるがなかなか言葉にできずにいる，言葉にする勇気が出ないこともあるで
しょう。相手を理解するためのツールとしてコミュニケーションを図ること
が必要です。

　まずは「聞いている」「聞いてくれる相手だ」と思ってもらえるようにう
なずきや相槌で安心感をもってもらうことです。事例①では沈黙となってし
まいましたが，言葉にして返すことで，さらなる安心感を与えることができ
たでしょう。辛い過去の経験，利用者の思いに共感を示すために「辛かった
のですね」と一言返すことや，話してよかったと安心感を持てるように「辛
かった時の話をして下さってありがとうございます」など，一言返すことが
できるとよかったでしょう。

２）実習12日目の事例──ニーズが理解できなかった事例②

　佐藤さんと一緒に作業をする機会がありました。先日の佐藤さんとの会話
の中で，沈黙になってしまったことから，積極的に接しコミュニケーション
を図ることを心掛けました。これまでの様子から，佐藤さんは時折自信のな
さそうな様子が感じられます。作業中，作業工程において自分で決めること
が難しく，困っているように見えたため，「こちらの方が良いと思いますよ」
と声をかけました。佐藤さんは私の方をみて，「そうですね，そうします」
と話し，私が言った方を選びました。その後も何度か同様に佐藤さんが迷う
場面があったため，同じように声をかけました。声掛けによりスムーズに作
業が進められると思いました。同じく作業場にいた職員の方から「佐藤さん
の課題はなんだと思う？」と声をかけられ考えてみましたが，作業も問題な
く取り組むことができています。自信がなさそうな様子は気になっていまし
たが，声掛けにより作業はスムーズに運んだように思えたため，これといっ
た課題は思い浮かびませんでした。

利用者が帰宅した後，個別支援計画を閲覧すると，「作業を一人でできる
ようになり，自信をつけたい」ことが目標として立てられていました。

　佐藤さんが困っているように見え，声掛けを行いましたが，私の声掛けは
スムーズに作業が進むことが目的となっており，佐藤さんの目標・課題に目
を向けられていなかったことに気が付きました。ただ手を差し伸べるのでは
ない，佐藤さんが必要としているものは何かを考えることが重要だと感じま
した。

　実習生は事例①での佐藤さんとの関わりが不十分だったと感じ，この経験
を活かしコミュニケーションを図ろうと積極的に行動しました。佐藤さんを
知るために必要なアクションだったといえるでしょう。そのアクションがあ
ったからこそ，新たな気づきが生じた事例です。

　実習生が，「佐藤さんが困っていると思い，声をかけたことにより，佐藤
さんの作業がスムーズに進んだ」。この行動が間違っているわけではありま
せんが，エピソードを活かすためにはその先が重要なポイントとなります。
自己満足とならないように気を付けなければなりません。利用者が求めてい
るものは何かを考え，探る，自分が起こしたアクションは利用者のニーズに
当てはまっているのか振り返る必要があります。職員からの声掛けをきっか
けに記録を閲覧し情報を得たことにより，実習生はニーズの把握の必要性に
気が付いたのです。コミュニケーションをとることが目的となってしまい，
ニーズの把握を目的とするアセスメントとしてのコミュニケーションではな
かったのです。

　個別支援計画を閲覧したことで，より利用者の「ニーズ」とは何か考える
きっかけとなりました。コミュニケーションをとり，利用者を理解しようと
行動に移したことにより新たな気づきが生まれ，個別支援計画をはじめとす
るケース記録等の閲覧によりさらなる利用者理解につながったのです。

　記録の閲覧は，利用者の生活歴や既往歴，現在の状況等を把握することができ，多くの情報を収集することができる貴重な情報源です。しかし，ここで情報をすべて得ることができた，理解できたと満足してはなりません。記録等から得た情報と，実際に利用者と関わり得た情報を関連づけていく作業が必要です。これを行うことにより，利用者がどのような人なのか，どのような思い，気持ちで過ごしているのか，どのような希望・目標をもっているのか等，利用者理解につながっていくのです。

　また，記録の閲覧は，対利用者という動のアクションとは違い，冷静な視点で考察することができます。利用者を取り巻く環境や人間関係，関係者も見えてくるでしょう。実際の現場では，様々な職種の人間が利用者と関わり，サービスの充実に努めています。医療関係者や福祉事務所，保健所，計画相談員，ボランティアなど，関係者がどのように関わっているのか，どのようにして連携をとっているかを学ぶことも必要です。利用者を取り巻く環境を知ることで，視野を広げることができるでしょう。利用者理解を深めるためには，対利用者だけではなく，あらゆる側面から利用者理解に努めることが重要となるのです。施設内での利用者だけではなく，利用者を総体的に理解するためには実際の現場において，生活相談員は利用者との関わりに加え，関係者との連絡調整，密な連携は必要不可欠です。

（2）アクションと振り返りの連続

　相手の立場に立ち，相手を知るためには幅広い視野で，様々な視点を持ち，個別支援計画等，記録の閲覧により得た情報，日々の関わりから得た情報，関わりから生じる疑問を関連づけていくことが重要であり，関連づけられるかによって実習中のエピソードが活きていくかが決まります。

　実習中は様々なことを感じ，考える日々であろう。相手に与える影響を考え不安に思い，コミュニケーションをとることを躊躇してしまうこともあるでしょう。目の前にいる相手を理解するためには様々なコミュニケーション

をとることが必要です。利用者と「楽しく話せた」「たくさん話して下さった」「辛い話をして下さった」ことで満足し利用者をわかった気にならないようにしなければなりません。利用者が話して下さったことや，楽しく過ごした時間は利用者理解のための一部だということを忘れてはなりません。

　コミュニケーションがとれたと満足して終わりではない，コミュニケーションをとり情報収集ができたら，得た情報から仮説を立て，利用者のニーズとは何かを考えるのです。ニーズを把握するために，事例①や②のようなエピソードは重要な役割を持ちます。不安に思い迷ったことで実習生自身の課題がわかりました。これは大きな気づきです。利用者理解の他に，実習中には実習生自身のことについても振り返り見つめる必要があります。事例①のエピソードを踏まえ，事例②の1日のようにアクションを起こします。起こしたアクションを振り返ることでニーズの把握の必要性について気が付いたのです。

　このように実習中はアクションと振り返りの連続です。アクションと振り返り，気づき，利用者の背景等を関連づけることでニーズの把握につながります。実習中に迷い，葛藤することで疑問が生まれるはずです。その疑問を大切にしてほしいのです。小さなことで構わない，何事にもなぜだろう，と疑問をもつことができるとアクションにつながります。迷いや不安もあるでしょうが，コミュニケーションの後押しとなることもあるでしょう。立てた仮説にも疑問をもつことを忘れずにし，これらを行うことで利用者理解を深めることができます。利用者理解を深めることで利用者の「声」に気が付くことができ，自然と返答もスムーズにできるでしょう。

　色々な経験をすることで，新たな疑問が生まれます。悩み，迷うことがありながらも，利用者と関わることで経験は増えていきます。悩みながら，考えながら実習中に経験したことは自身の糧となるはずです。疑問を持ち，考え，関連づけ，振り返る，これらの作業は実習中のみならず，事後学習にお

いても，さらには現場に出てからも取り組むことでエピソードはさらに活き
ていくでしょう。

3　実習を終えて自分を振り返る

（1）事後学習へつなげるために

1）実習と事後学習は連続的である

　約1カ月に及んだ実習が終了すると，学生の多くは緊張感を緩めてしまい
がちです。「とりあえず，実習は終わった。これで単位は安心だ」と，日常
の学生生活に戻れることに安心してしまいます。もしくは，「たいへん現場
で感動した。○○さんとの出会いは，非常に感動だった。今回の実習で，多
くの利用者さんに元気をもらった」と，人間の温かさに感動・満足する学生
も多くいます。

　しかし，実習は，このような単純なものではありません。たとえ，実習が
終わっても事後学習へとつながっていかなければなりません。これを「リン
ケージ」といいます。つまり「事前学習・実習計画の作成」→「実習」→
「事後学習」は，一連のプロセスでつながっており，すべてソーシャルワー
ク実習としての教育プログラムなのです（図4−6，次頁）。ですから，実習
が終わったから「終わり」ではなく，むしろ，ここからが重要な教育プロセ
スが「始まる」といってもいいかもしれません。

2）実習を意識化するには「思い出す」こと

　それでは，具合的に事後学習につなげていくには，どうすれば良いのでし
ょうか。それは，単純に「思い出す」ことから始まります。そのため，実習
記録を丹念に読み返すことが重要です。

　ただし，実習記録を読み返していくと，「自分はできなかった」「失敗して
指導者に怒られた」「利用者さんと上手くコミュニケーションが取れなかっ
た」など，実習中のマイナス面ばかりを思い出してしまうかもしれません。

図4-6　現場実習におけるリンケージ

事前学習
（実習計画の作成）
実　習
事後学習

出所：結城康博作成。

もちろん，自分の「できなかった」「失敗した」こと等を振り返ることは重要ですが，多面的に実習中のことを「思い出す」ことが事後学習では求められています。

　例えば，「その時の利用者さんの真意」「職員（指導者）さんの意図」「実習中における，ある場面での自分の感情」等，実際に自分が体験したケア・技術・作業以外のことも意識していくことが重要です。

　実際，実習中は，目の前のやるべきことで精一杯で，冷静に周りを見たり感じたりすることはできなかったのではないでしょうか。職員や利用者から言われたことを，冷静に受け止めてゆっくり考える時間も少なかったと思います。その意味で，事後に実習記録を読み返すことで，新たな自分としての「気づき」を意識できるようになるはずです。

3）意識の「ズレ」に気づく

　例えば，ある利用者との場面で，実習中は「○○だから，食事を嫌がっていた」と理解したとします。しかし，実習が終わってから冷静に，その時の場面を実習記録を読み返しながら思い出していくと，その利用者の心境，人間関係，体調などを多面的に思い描くことで，食事が嫌がっていた理由を深く再認識できるかもしれません。

　実習中は，当たり前の価値観しか抱けず一方的な見方しかできませんでしたが，実習を終えて落ち着いた時期に振り返ることで，自分が気づかなかったことを発見できるはずです。これは実習だけに限りません。皆さん自身の過去の人間関係にも当てはまりますが，例えば，高校時代の「部活動の人間関係」や「恋愛」等，今，振り返ると「あの時の自分の解釈は違っていた」

「自分は，もう少し，深く考えておけばよかった」といった経験があるはずです。

　このように実習中と実習後の意識のズレに気づくことが重要となります。そのためには，実習中の体験や経験を思い出せる素材（実習記録）を，整理していくことが必要不可欠になります。

　もちろん，実習記録に限らず，実習中のメモ，施設や機関のパンフレット等も有効な資料として活用できます。そのため，事後学習にあたっては実習関係の資料を丹念に整理しておくことが求められます。

（2）社会福祉協議会の実習を例に振り返る
1）実習全体を通して

　市区町村社会福祉協議会（以下，社協）の実習は，地域福祉計画・地域福祉活動計画，総合的かつ包括的な相談支援（体制整備），ボランティア・市民活動，住民参加活動の支援，小地域福祉活動づくり，多機関との連携，共同募金の協力など多岐に及びます。実習をふりかえるにあたっては，実習記録，実習中のメモのほか，これらの事業・活動の実習時に提供された膨大な資料を整理し，ふりかえることが重要です。

2）日常生活自立支援事業

　実習中，日常生活自立支援事業の利用者支援を学ぶ機会があったのではないでしょうか。大学で学んでいても，実践を体験することで，利用契約の締結，複合課題のある相談内容，金銭管理の方法や生活課題の解決，支援計画の見直しや多機関との支援のネットワーク形成，生活支援員への支援，事例検討会への参加，その人や地域にあったらよいと思われる社会資源の創出等，さまざまなソーシャルワーカーの役割があったことを整理し，そこでソーシャルワーカーの業務がどのように展開されていたかに気づき，整理することが重要です。

3）小地域福祉ネットワーク，ふれあい・いきいき・サロン

　住民の福祉活動を支援するのは，地域福祉を進める社協の重要な活動です。住民が運営する地域の居場所の形成は，自然発生的に起こるのを待つのでなく，地域で活動したいと思っている住民とともに意図的に行うのが地域支援です。地域の中で，見守りや助け合い，サロン活動が住民主体でどのように運営され，そこで社協のソーシャルワーカーはどのような立場でどのように支援をしていたか，実習で学んだことを言語化していくことが必要です。

4）自治会・町会の地域の行事，民生委員・児童委員協議会などの「場」の形成支援やボランティア活動支援

　自治会・町会では，住民が楽しく集い，交流する場として，季節ごとの行事は地域のさまざまな団体・組織が関わり運営されます。自治会・町会は地域における住民組織の単位として最も身近であり，市区町村社協では自治会・町会単位でも福祉活動の推進を図っている関係で，行事を通して社協職員と地域の方々との交流が図られている場合もあります。楽しく，おもしろく活動していくために，また地域社会での助け合いの重要性を住民が理解できるよう，行事は単なる運営事務のお手伝いだけではなく，住民と交流できる技（一芸）や地域の福祉活動の必要性をわかりやすく説明する力も必要とされます。また，民生委員・児童委員協議会の定例会などにも社協職員は出向き，日頃からの関係を形成し地域の実情を把握しています。

　実習期間中で経験したこうした機会で出会った地域で活動する人々と社協職員の関わり方を思い返し，住民参加の支援，地域づくりの支援とは何かを振り返りましょう。

5）学校の講義で習ったことと結びつけてみる

　社協の実習は，地域福祉の授業で学んだことはもちろん，ソーシャルワークの理論と方法，生活困窮者支援，権利擁護，介護保険，児童福祉，障害福祉など各分野の福祉はもちろん，小中学校等教育分野，保健医療，産業等の様々な他分野との連携も意識することが重要であることに気づくはずです。

しっかりと学校の講義で学んだことと結びつけましょう。

　そして，地域福祉における「住民」について考察しましょう。

　社会福祉法第4条では，地域福祉の推進は，地域住民が相互に人格と個性を尊重し合いながら，参加し，共生する地域社会の実現を目指して行わなければならないとされました。そして，地域住民等は，相互に協力し，福祉サービスを必要とする地域住民が地域社会を構成する一員として日常生活を営み，社会，経済，文化その他あらゆる分野の活動に参加する機会が確保されるように，地域福祉の推進に努めなければならないとしています。そして，地域住民等は，地域福祉の推進に当たって，福祉サービスを必要とする地域住民及びその世帯が抱える福祉，介護，介護予防，保健医療，住まい，就労及び教育に関する課題，福祉サービスを必要とする地域住民の地域社会からの孤立その他の福祉サービスを必要とする地域住民が日常生活を営み，あらゆる分野の活動に参加する機会が確保される上での地域生活課題を把握し，地域生活課題の解決に資する支援を行う支援関係機関との連携等によりその解決を図るよう特に留意するものとするとされたことから，市区町村の地域福祉の推進におけるソーシャルワーカーの役割は常に進化が求めれられているのです。

（3）実習中に感じたこと・事後に振り返って感じたこと

1）自己覚知にもつなげる──グループで分かち合う

　さて，「自己覚知」という言葉は，既に皆さんも理解していると思います。実際，実習中と実習後の自分の気づきを確認することは，この「自己覚知」にもつながります。実習を振り返ることで，自分という人間を見つめ直すことができると思います。

　例えば，初対面で利用者とコミュニケーションを取ろうと試みて，どうであったかを実習後に振りかえることで自分を知ることができます。「自分は人の話を聞くのが，不得手なのか」「支援の際にせっかちであったか」「雰囲

気を読み取ることが難しいか」等, 自分の性格や価値観を認識することができます。

　また, 新たな「気づき」を得るためには, 授業の演習を通して分かち合うことも有効です。自分で振り返り気づいたことを, 実習に行った仲間とグループワークを通して分かち合うことで, さらなる「気づき」が深まります。仲間と話し合うことで, 共通した課題や気づき, もしくは違った解釈等を意識化することができるのです。

　自分は「○○」のように振り返ったが, 他の学生の振り返りを聞くことで, さらなる解釈を学ぶことができます。実習中は自分の作業に夢中で, 他の実習生のこと等に気を配ることはできませんでしたが, 事後学習を通して他の実習生の意識や解釈を聞くことで, 多様な価値観の形成にもつながります。

　その際には, 口語でわかりやすく自分の体験や振り返りを説明できる技術を身に付けていなければなりません。自分の体験は自分しかわかりません。他者に上手に説明しなければ, 実際と違った情報でグループの議論が進んでしまいます。その意味では, しっかりと状況を思い出し, その時の利用者や職員の思いを的確に伝えられるようにすることが重要です。ただし, 実習中に起きていない事実を勝手に作ることは許されません。ありのままを, 上手に伝えられる能力が問われます。

　なお, その際にグループ内では非審判的な態度が求められます。ある学生の振り返りを聞いて, 「それは解釈が違うのでは?」「対応が違っていたのでは?」という疑問を抱く仲間がいるかもしれませんが, その場面の雰囲気は発表者しか知りえないことですので, 事後的学習における場面では, 非審判的な態度が求められます。

　いずれにしろ実習を終えた仲間同士の分かち合いによって, さらなる実習後の意識づけが可能となり, この実習経験が自分の糧となっていきます。

2) 利用者と援助者の感じ方の違い

　なお, 実際の現場で利用者のニーズというものを具体的に考える機会があ

ったと思います。そして，実習中，「アセスメント」のようなことも実践し
たのではないでしょうか。「アセスメント」とはケースの問題分析とニーズ
の把握をすることですが，ソーシャルワークのプロセスで最も重要なもので
す。

　ただし，利用者の生活ニーズを的確に把握することは難しいです。一般的
に「ニーズ」とは専門家（援助者）から見たニーズと，利用者が感じるニー
ズの2種類があります。これら2つのニーズが調和され，リアル（real：真
の）ニーズが導き出されると言われます。

　例えば，筆者（元・ケアマネジャー）が在宅の高齢者現場で携わったケース
ですが，一人暮らしの高齢者がいました。この方は「身体機能的状況」とし
ては杖歩行であるため，荷物が持つことができず買物に行くことが難しいの
です。しかも，自立して生活したいと望んでいましたが，食材を手に入れる
ことができず，「精神心理的状況」としてマイナスとなりがちでした。つま
り，これらは「社会環境的状況」からみると，誰も援助してくれる人がいな
いことが要因として考えられたのです。このような場合，本人は単に買物に
行くことができないため，困っていると感じがちですが，専門家はバランス
のとれた食生活や閉じこもりの問題に焦点を当てるのが一般的です。当初，
本人は買物だけを依頼するヘルパーサービスを望むかもしれません。しかし，
専門家（援助者）は，外出によって身体機能の向上が期待されることや，食
材を自分で選んで自炊する意義について説明しなければなりません。そして，
単に買物を手伝う援助ではなく，ヘルパー等と一緒に買物へ出かけていくこ
とを勧めていくのです。

　このように実習中に単に利用者の要望がすべてニーズと考えがちだったこ
とはなかったでしょうか。実習が終了して冷静に考えてみると，最初の利用
者の要望はリアルニーズなのか否か等，「アセスメント」の深さを認識でき
るかもしれません。その意味では，利用者と援助者のニーズの捉え方も事後
学習で重要なポイントだといえます。

3）利用者の自尊心を考える

　もう一つ，筆者が現場で経験した事例を紹介しましょう。かつて担当した高齢者（男性）は，70代後半で杖歩行は可能だが移動面で多少の不自由をきたしていました。60歳で妻と離婚して子どももなく，全くの天涯孤独になっていました。年々，一人暮らし高齢者が増え続けるのにともない，社会的に高齢者の閉じこもりが大きな問題となっています。しかし，要介護状態になっても買い物や掃除・洗濯といった最低限のサービスだけを依頼し（ヘルパーサービス），どうしても外出しようとしない高齢者が増えています。特に，このようなケースは男性に多くみられます。

　ただし，厚生年金で生計を立てており毎月18万円の年金収入もあれば，細々と贅沢はできないまでも十分に暮らしていけたのです。

　筆者が散歩やデイサービスに誘っても全く応じてくれませんでした。往診や週数回のヘルパーサービスを利用するのみで，外部の人との関わりを一切持とうとしません。2週間外出しない日も珍しくなく，テレビを見ているか寝ているかで，足腰の身体機能低下も懸念されました。ヘルパーの声かけにもほとんど反応せず，「どうせ自分は天涯孤独なので，たとえ死んでも誰も悲しまないから！」と寂しそうに言うのが口癖だったのです。

　そこで，筆者とヘルパーらは，何とか外出への動機づけを見出そうと過去の生活歴等を聞き取り，かつて趣味で「絵画」をしていたことがわかりました。その後，押し入れの中から本人が書いた「絵画」も見せてくれるようになり「昔は，かなり絵画教室に通って油絵なども描いたものだ！」と笑顔で話してくれるようになりました。ヘルパーがイラストや簡単なスケッチを描くように本人に促すと，少しずつ書いてくれるようになったのです。著者は，要介護状態ながら「絵画」といった特技があるので，ボランティアで他の人に教えてみたらどうかと促し，はじめは消極的でしたが本人は前向きに考えるようになっていったのです。

　さらに，知り合いのデイサービス事業所に頼んで，月に一度「絵画」クラ

ブを催してもらって，講師役にこの方に来てもらうようにしました。つまり，利用者といった立場でなく，講師役でデイサービスに行くように働きかけたのです。1時間程度のクラブ活動でしたが，他の高齢者の評判も良くその活動は続いたのです。

　そしてその方も月1回1時間のみでしたが，デイサービスに足を運ぶようになり，「昼食が食べられる」「入浴ができる」「マッサージを受けられる」といったことを知り，数カ月後にはデイサービスを週2回利用するようになったのです。

　閉じこもりの高齢者に社会参加を促す方法としては，サービスの受け手といった意識づけよりも，その担い手として協力を願い自然とサービスを利用させていくことも手段の一つとして有効なのです。

　人間誰しも特技はあるもので，人から頼まれれば自分が社会的に評価されているといった意識が甦り，閉じこもりがちな生活も変容していきます。「高齢者の自尊心」「プライド」に着目してアプローチしていくことで，その意識変容を促すことができると認識できたケースでした。

　皆さんも，実習中，どんなに働きかけても積極的に応えてくれない利用者がいたのではないでしょうか。数週間という短い期間で，そう簡単に利用者の意識を変容させていくことは難しいですが，本人の自尊心やプライドを大切にしながら接していくことで，新たな道筋が描けることがあるかもしれません。

（4）事後指導の段階

1）気づきと指導

　一定程度，実習を振り返りながら仲間とも分かち合い，新たな「気づき」を意識していくと，次に，事後指導の段階に移ります。詳細は，次章で述べますが，実習を振り返ることは，あくまでも自己学習の一環です。そのため，その振り返りや気づきについて，担当指導教員から指導を受ける必要があります。

　しかし，指導の段階になると，ある程度，自分の解釈や対応が不適切であったことを，教員から指導されることもあります。学習と指導は異なりますので，その点は理解しておくべきです。なお，指導に際しては，自分の疑問点などを教員へ投げかけていくことが重要です。場合によっては，実習先の職員の対応に疑問を抱き，明らかに間違っていると思うことは，しっかりと説明していくことも重要です。

　実習先の職員には，明確な意見・疑問点は言いにくかったでしょうが，大学等の教員であれば問題も少ないでしょう。むしろ，実習先の問題点も分析できれば，自分の実習がより深まる可能性もあります。多くの実習先では熱心にサービスを提供している職員が多いですが，場合によっては不適切な対応もあったかもしれません。このような場合に，何が問題であったかを明確に整理しておくことが重要となります。

　実習先の職員がすべて適切な対応をしているわけではありませんので，その点を分析し事後学習に役立てていくことも大切でしょう。

2）自分は福祉の仕事に適しているか？

　なお，実習を通して考えなければならないことは，果たして自分は福祉の仕事に向いているかどうかです。1カ月は何とか無難に実習をこなしましたが，これを仕事として選択するにはどうなのかということも考えていく必要があります。社会福祉士を目指して学校に入学したが，実際の現場を通して自分がこれらの仕事に適しているかどうかを考えることも重要です。その意

味では，自分の将来を考える上でも実習後の振り返りは重要なことなのです。

参考文献

岩間伸之『支援困難事例へのアプローチ』メディカルレビュー社，2008年。

川村隆彦『価値と倫理を根底に置いたソーシャルワーク演習』中央法規出版，2002年。

佐藤俊一『対人援助の臨床福祉学――「臨床への学」から「臨床からの学」へ』中央法規出版，2004年。

社団法人日本社会福祉士会編『社会福祉士実習指導者テキスト』中央法規出版，2008年。

社団法人日本社会福祉士養成校協会編『相談援助実習指導・現場実習教員テキスト』中央法規出版，2009年。

淑徳大学総合福祉学部『相談援助実習（ソーシャルワーク実習）の手引き』2012年。

田中正道『ボイス――ソーシャルの力で会社を変える』日本経済新聞出版社，2012年。

谷川ひとみ・池田恵利子『ケアマネジャーのための権利擁護実践ガイド』中央法規出版，2006年。

早坂聡久・増田公香編『相談援助実習・相談援助実習指導』弘文堂，2009年。

深谷美枝編『ソーシャルワーク実習――より深い学びをめざして』みらい，2009年。

第5章	実習を終えて考えるべきこと・今後の学びにつなげること

　本章では，実習後の学びについて，特にスーパービジョンの活用方法を紹介し，スーパービジョンを活用して実習体験を専門職としての現場経験に変えていく過程において，以下の点について，具体的に例示しながら，学びの深め方を一緒に考えていきます。

①　どのように体験を整理していくか。
②　どのように体験から得た実践感覚を大学等で学んだ専門知識と関連づけていくか。
③　どのように多くの他人に理解を得られる知見として公開していくか。

　こうした学びの過程によって，実習での体験は専門的経験へと整理されるとともに，社会福祉士として必要な内省の姿勢を身に付けられるようになります。

1　実習が終わったら

（1）資料の整理と身辺整理──実習が終えてまず取り掛かるべきこと

　実習が終わると，緊張から解放されてついつい時間を過ごしがちです。しかし，人間の記憶は時間とともに薄れて，憶えていたはずのこと，特に「後でやろう」と思っていたことを忘れてしまったりします。しかし，実習の事後学習の過程には，「うっかり忘れてしまった」では済まされないこと，あ

るいは，せっかく皆さんの実習に協力して下さった，実践現場の方々に迷惑をかけてしまったりすることになります。

実習を終えたら，まず実習先でお借りしていたロッカーや実習生のためのスペースをきれいに掃除し，ゴミなど捨てることを忘れないようにしましょう。そして，お借りしたロッカーの鍵や名札など汚れや破損がないか，確認して返却しましょう。実習終了前に，実習最終日に確認すべきことなど書き出しておくと良いでしょう。

万が一，実習が終了してから，自分の持ち物などの忘れ物や，お借りした物の返却をし忘れた場合には，速やかに実習先に連絡して，指示を仰ぎましょう。無論，相手の方の業務の範疇の時間を配慮して連絡して下さい。

帰宅したら，時間をおかず実習関係の資料を整理して，資料の内容や使途に応じてファイルしておきましょう。机の上に置いたままにしたり，いくつかの鞄に分けて入れたままにしたりしておくと，後で探すことになります。これまで各章で学んできたように，実習先で体験したことや知った情報，手に入れた資料の中には実習先や利用児・者のプライバシーに関わるものも少なからず含まれます。記憶が鮮明なうちに整理をし，取り扱いに注意が必要なものは穴開けファイルなどに綴じ込みましょう。

また，実習で使ったエプロンやタオルなど，できればその日のうちに洗濯するようにしましょう。疲れていることと思いますが，季節によっては感染症のリスクもあります。実習期間中は次の実習があるので，洗濯物も毎日鞄から出して洗濯に回していたと思います。しかし，実習が終わればその準備も必要なくなるので，ついつい時間をおきがちです。先程確認した実習先からお借りした物など，エプロンのポケットに入れたままになっている場合などもあります。また荷物整理をしてみて忘れ物に気がつくこともあります。まずは，荷物を整理して，なるべく早く洗濯に取り掛かりましょう。

実習先を問わず，特に感染症のリスクが高い季節や状況においては，実習先で使用したものについて，除菌・殺菌の工夫をすることも必要です。実習

先ではそれぞれ感染症への対策をとっていますので，めったに感染が広がることはありませんが，自宅に持ち帰ったものをそのままにすることは，皆さんだけでなく，家族の感染リスクを高めることにもなりますから，十分注意しましょう。

（2）　実習指導教員への実習終了の報告と実習先への挨拶

1）実習指導教員への実習終了の報告

実習が終了したらその日のうちに，実習指導教員に実習終了を報告しましょう。あらかじめ実習指導の授業の際など，実習指導教員から終了報告の方法など指示があった場合には，その指示にしたがって下さい。一般的には，電話や普段授業連絡に使っているメールなどで連絡します。その際にも電話して良い時間，メールにしても相手の迷惑にならない時間に十分配慮しましょう。

実習では，ソーシャルワーカーの専門性についての学びは無論のこと，仕事をする社会人としての礼儀や作法，常識を意識する（学ぶ）機会も多くあったことと思います。実習が終わっても，今後の就職活動，ソーシャルワーカーとしての自認の高揚の側面からも，その意識を持ち続け，洗練していきましょう。

その際，実習に関して心配なこと，気に掛かることなど遠慮なく実習指導教員に相談しましょう。電話やメールで相談しにくいことなど，後日の面談の約束をとると良いでしょう。自分自身の実習期間中の出来事だけでなく，実習中に実習先で見聞したことの中に，不安なこと，心配なことなどあったら，一人で悩まず，実習指導教員に相談しましょう。残念ながら，実習生から，いわゆる「施設内虐待」の相談があったりすることもあります。

また，実習は学生と実習先の関係性によってのみ成り立つものではありません。皆さんが実習できるのは，皆さんが所属する大学や専門学校と実習先の協力関係が成り立っているからです。言い換えれば，実習指導教員は無論

のこと，大学や専門学校といった組織も皆さんの実習について責任を共有することになります。したがって，実習中に起きたことは，皆さんだけの責任ではなく，実習指導教員や所属組織が事情を共有して責任を負うことになります。したがって，速やかな報告が必要となります。実習指導教員や所属組織が，迅速に対応できるよう，実習終了の報告については，実習終了日の適切な時間に連絡しましょう。

2）実習先への挨拶──礼状の出し方

　実習先への挨拶は，実習終了から1週間以内に礼状を出すようにしましょう。同じ実習先に複数名の学生が同時に実習させていただく場合など，事前に礼状をどのように協力して作成するか，打ち合わせておくと良いでしょう。礼状は連名（全員分を1通にまとめて，差出人の部分に人数分名前を列挙する）でかまいません。同じ実習先でも実習時期が異なる場合には，それぞれ礼状を用意しましょう。また，実習中に病気やけがなど，特に実習先にお世話になったり，配慮をしていただいたりした場合など，連名の礼状に加えて個人的な礼状を差し上げましょう。この場合，宛名は組織の代表者と実習指導職員で良いと思います。

　謝意を伝える場合，電話やメールの挨拶は略儀（簡単な方法）になります。手紙での礼状で謝意を伝えることが正式な礼儀となります，相手への敬意を表す方法でもあります。礼状は社会生活において，感謝の気持ちを伝え，人間関係や組織間の交流を円滑にするために送る手紙です。実習の礼状を機会に，今後社会人として仕事をする際，あるいは，ソーシャルワーカーとして利用者やご家族から手紙の代筆などを依頼された際，適切なマナーを体現できるように，一般的な礼状の書き方を憶えましょう。

　礼状は頂き物をした際など，当日か翌日に送りますが，実習の場合は3日後から1週間後を目安に相手に届くようにすると良いでしょう。手紙は投函から相手に届くまでに，2～3日かかりますから，それを逆算して用意すると良いでしょう。実習が終わってから間が開きすぎると，相手の方の印象が

薄れてしまったり，自分（相手）に対して，感謝や敬意などそれほど厚くないというメッセージ（非言語）にもなってしまったりしますから注意しましょう。特に，いろいろご迷惑をおかけした場合など，時間をおくことが失礼になります。どう書こうか迷っているうちに時間を費やしてしまうと，「たいしたことではないから気にしていない」という逆の意味のメッセージが伝わってしまうおそれもあります。一人の社会人として，そしてソーシャルワーカーとして人間関係を円滑にできる手段として，手紙の活用法を学んでおきましょう。

　礼状の表や文章の宛名など，実習先の正式名称や施設長の氏名（フルネーム），実習指導の職員さんの職名や氏名など正確に表記する必要があります。名前は個人を特定する情報，つまりプライバシーです。文字を間違えるということは相手を軽んじることになり，大変失礼なことになります。礼状を書く時になって困らないように，実習中に確認してメモしておきましょう。施設の正式名称や施設長の氏名などホームページなどで確認ができますが，人事異動などがあった場合，インターネットのメンテナンスが間に合わない場合などもありますから気をつけましょう。

3）礼状の書式と内容

　前述したように手紙による礼状は，正式な礼儀ですが，書き方を間違えてしまっては謝意や敬意が伝わりません。ここでは具体的な礼状の書き方を説明します。

①　封筒や便箋の選び方と書き方

　封筒の色とサイズの選び方　　礼状は封書（封筒と便箋）で送る方法が正式なマナーです。できれば，封筒や便箋は白色の無地のものを選ぶと良いでしょう。一般的に色のついた封筒は気軽な応答の際などに用い，特に茶色の封筒などは事務用の意味合いを持ちます。また，便箋は罫線の入った縦書きのものを選びましょう。Ａ４サイズの便箋の場合は長形４号（定型の大きい封筒）に三つ折りで，Ｂ５サイズの便箋は長形５号（定型封筒）に四つ折りで

封入するとしわなくきれいに封入できます。

　急ぎの礼状などはがきでもかまいませんが，実習の際の礼状はその用途を考えれば，最も礼儀をつくすべきものですから，封書が適切な方法です。また，封筒は本来二重封筒を使うべきですが，長形4号の場合は一般に手に入りにくいので一重の封筒でもかまいません。長形5号の場合は，できれば二重封筒を使うと良いでしょう。

　ちなみに，一重と二重の使い分けは，一重は一般的に弔事用で，「不幸が重なら（二重になら）ない」ように，といった意味合いで用いられます。仕事をするようになった時にお悔やみの弔文をお送りするときなどは，逆に一重封筒を使うことが必要になります。大人の世界のマナーには，暮らしを重ねて来た人々の非言語の配慮があります。専門知識に加えて，少しずつ身につけていきましょう。

　　表書きの書き方　　住所は都道府県から書き，「丁目，番，号」を用いて書くのが正式ですが，宛名が長い場合などは，漢数字を用いて，間に「｜」などでつないでもかまいません。

　組織名は省略せず，「○○社会福祉法人□□苑」などと書きます。組織宛に文章をお送りする場合には，組織名の終わりに「御中」でかまいません。しかし，実習の場合には職員の皆さんに大変お世話になっていますので，封筒の中央に職員の代表者である施設長，所長等代表者の名前を記載して，名前の後に「様」を付けます。この場合にも，役職名は省略せず正式名称で書きます。そして，そのとなりに，少し高さを下げて「職員ご一同様」と記載すると良いでしょう（図5-1）。

　　文章の書き方　　文章は縦書きで，万年筆を用いるのが正式ですが，使い慣れない場合はボールペンでもかまいません。字が上手であることに超したことはありませんが，感謝の気持ちをこめて丁寧に書くことが大事です。パソコンなどで作成すれば一見見映えの良い文章になりますが，何度でも書いたり，消したりできる文章が伝える意味を考えてみましょう。書き直しが

図5-1　封筒の宛名の見本

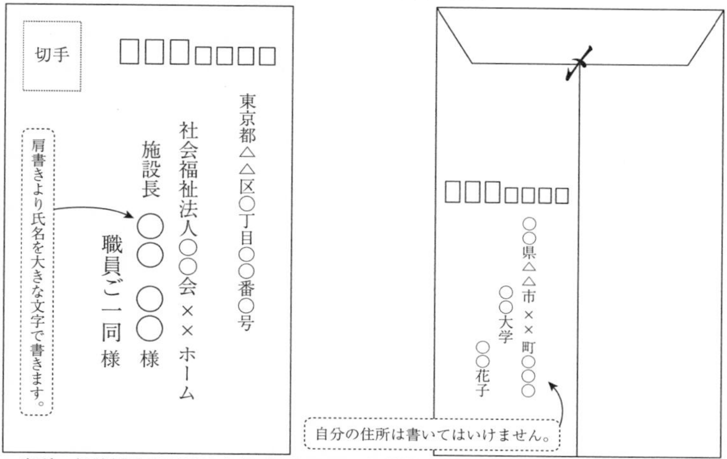

東京都△△区○丁目○○番○号

社会福祉法人○○会　××ホーム

施設長　○○　○○　様

職員ご一同　様

切手

肩書きより氏名を大きな文字で書きます。

○○県△△市××町○○○○大学○○○○花子

自分の住所は書いてはいけません。

出所：相談援助実習研究会編『はじめての相談援助実習』ミネルヴァ書房，2013年，165頁を一部修正。

図5-2　礼状の見本

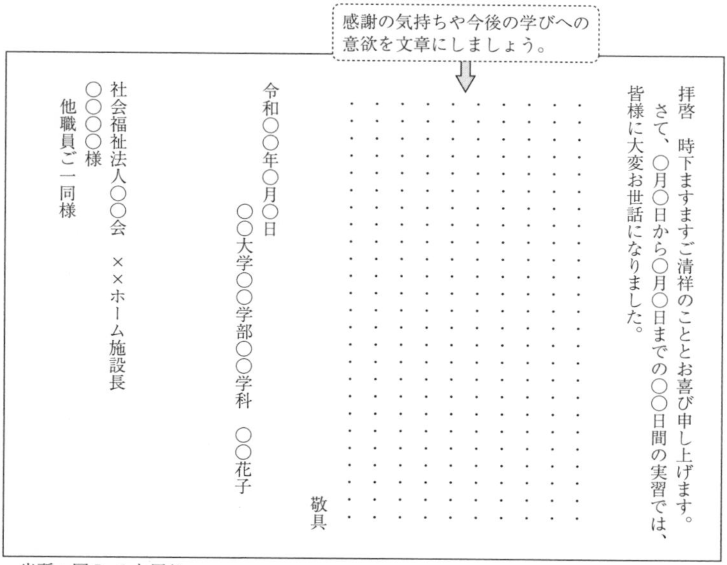

感謝の気持ちや今後の学びへの
意欲を文章にしましょう。

拝啓　時下ますますご清祥のこととお喜び申し上げます。

さて、○月○日から○月○日までの○○日間の実習では、皆様に大変お世話になりました。

令和○○年○月○日

○○大学○○学部○○学科　○○花子

敬具

社会福祉法人○○会　××ホーム施設長

○○○○様

他職員ご一同様

出所：図5-1と同じ。

できない文章だからこそ，伝わる想いがあります。

　また書き直しができませんから，鉛筆などで下書きしてから清書すると良いでしょう。その際，ボールペンの先などにインク玉ができていたりします。筆記用具の具合を確認して，上手く使いましょう。清書が終わったら，インクが乾いたことを確認して下書きは丁寧に消しましょう。これからも就職活動や仕事などで様々な手紙を書きます。この機会に手紙の書き方やマナーの本を購入しておいても良いでしょう。

　　　文面の内容　　　正式な文章には一定の形式があります。礼状の内容にそってその形式を紹介していきます。

・頭　　語

　「拝啓」という言葉が使われることが一般的です。特に目上の人への敬意を表す場合などには，「謹啓」などが使われますが，実習の場合は「拝啓」で十分です。「前略」などは，親しい間柄で前文を省略する場合などに使われます。

・前　　文

　前文には頭語を含み，頭語から行を変えて季節の挨拶や，個人の場合は相手の活躍への経緯や健康への気遣い，組織の場合は組織の活躍への経緯などを述べます。季節の挨拶には時期と用いる慣用句がありますから，自分の感覚ではなく時候の挨拶の文例など参考にして記述しましょう。季節の変わり目など，1日過ぎてしまうと使うことのできない表現もありますから注意しましょう。

　また，相手の状況やその時々の社会状況によって，ふさわしくない例文もありますから，使い方には十分な注意が必要です。こうした配慮も利用者の手紙の代筆の際なども適切な判断が問われるところです。言葉や表現の選び方一つで，様々な印象が伝わりますから，気を付けましょう。

・主　　文

　まず，実習のお礼を述べましょう。できれば，実習によってどのようなこ

とを学ぶことができたのか具体的に伝えたり，これからの学びやソーシャルワーカーを目指す目標を見いだせたことなど，つまり，実習が自分たちの専門職への動機を強化できたことも書くことができると良いでしょう。実習先の皆さんはお忙しいなか，時間と労力を割いて下さっています。その成果が皆さんの動機や目標になったことをお伝えすることも大切です。

　また，実習中特に印象に残る出来事や，職員の皆さんにご指導いただいたこと，利用者の方たちとの交流で利用者の方たちに感謝をお伝えしたいことなどあったら，書き添えると良いでしょう。直接利用者の方たちにお礼を伝えられませんので，このような機会に言及しておくと良いでしょう。

・結　　文

　手紙の結びの挨拶を述べ，今後の抱負などを書き記します。手紙の用件をまとめて，相手の健康や組織の活躍を祈念する一文を添えます。併せて，特に伝えておきたいことなど書き添えますが，実習の場合「くれぐれも利用者の皆様に感謝をお伝え下さい」といった，利用者への謝辞を書き添えても良いでしょう。

・結　　語

　結語は基本的に頭語（文章の書き出しの言葉）と対をなします。よって頭語に「拝啓」を用いた場合には「敬具」，「謹呈」には「謹白」を用います。頭語に「拝啓」が一般的だと伝えましたが，結語も「敬具」で良いと思います。

　前文を省略した「前略」の場合は「草々」で結びます。仕事の折のちょっとした連絡や，はがきなどを用いて書くスペースが限られる場合など，「前略」－「草々」の組み合わせでもかまいません。繰り返しになりますが，実習の礼状は，多くの方々の協力によって成り立つ事柄ですから，精一杯の誠意をもって正式な礼状を書くことが必要となります。

・後付け

　後付けは，手紙を書いた「日付」「差出人」「宛名」を書きます（横書きの場合は，宛名は頭語の前に書きます）。前文同様，はがきの場合など省略される

こともあります。

　この場合の宛名は封筒の表書きと同様，組織名，役職名，氏名をフルネームで書きます。このとき，宛名の文字数が多いので，文字が小さくなりがちですが，差出人（自分）の名前より小さな字にならないように，注意しましょう。文字の大きさが権威関係を表すことに配慮しましょう。名称が長い場合など，組織名など少し小さくなってもかまいませんが，個人名は差出人（自分）より大きな文字になるよう注意しましょう。

　同じ実習先に複数の学生が実習をした場合は，差出人のところに，各自の名前を書きましょう。文面を代表者が書いても，差出人は自筆すると良いでしょう。

　封筒の差出人の書き方　　差出人の住所は封筒の裏の中心線の左右から書き始めます。中心線に沿って書くと真っ直ぐに書くことができますし，バランスが良くなります。個人的な礼状の場合は，中心線の左側から書き始めて良いと思いますが，連名の場合複数名の学生の名前を書くことを考えると，中心線の右側から書き始めるとスペースに余裕ができます。この場合もあらかじめ鉛筆などで下書きしてバランスをとりましょう。

　原則差出人の住所は大学・専門学校にしましょう。これまでも伝えてきたように皆さんの住所も「個人情報」であり，皆さんのプライバシーを守るためにも，個人の住所は記載しないのが原則です。これは連名の場合でも，個人の場合でも同様です。差し出し人の住所は都道府県を省略して市区町村からでもかまいません。

　住所を書いたら，そのとなりに所属の大学・学校名，学部・学科等を記載します。そして，その隣に学生個々の氏名を記載していきます。連名の場合など，上下や幅が均等になるよう文字の大きさやスペースに注意して記載しましょう。

　②　内容の推敲と確認

　せっかくの礼状なのに，内容がふさわしくない文面だったり，言葉，特に

敬語の使い方や誤字脱字があったりしては伝えたい謝意や敬意が伝わりません。まず文案を作って推敲しましょう。不安な場合など実習指導教員に助言を仰ぎましょう。文案を作る際など，パソコンを使うと文字の検索や文案など変換候補の提案があって便利です。内容が確認できたら，便箋に下書きをしましょう。このときに，字配り（便箋の縦幅に何文字くらい文字を書くのか）にも気をつけましょう。なるべく文字の大きさがそろうよう，便箋に付属しているメモリのついた下敷きなどを活用すると，等間隔で文字を書くことができます。正式な文書では修正液を使うことはできません。手紙の場合も同様です。清書をする際，文字を間違えてしまった場合は，新しい便箋を使うようにしましょう。間違えないためには，気持ちを落ち着けて，ゆっくり丁寧に書くことです。

　封筒の表や裏面も併せて実習指導教員に相談，確認していただくと良いでしょう。

　③　封印と投函

　せっかく書いた礼状も投函しなければ相手に届きません。清書を終えて，封筒の表裏書きを確認したら，封印して速やかに投かんしましょう。封印はのり付けで封をしましょう。のりが乾いたら，「この手紙はあなた以外誰も見ていません」との意味を込めて「〆」の印（封字）を書き添えます。

　封書のすべてを書き終えたら，切手を貼りますが，どんなに珍しく貴重なものでもキャラクターものの切手などの使用は避けましょう。記念切手などを使うのもかまいませんが，良く絵柄を確認して礼状にふさわしい物か考えて用いましょう。これまでも言及してきましたが，社会的なコミュニケーションの際，形式が意味する事柄を上手く活用していくこともソーシャルワーカーには不可欠な力量です。ここまで丁寧に手紙を用意してきましたから，最後の切手と封印も礼にかなった方法を選択していきましょう。

（3）各種提出物

1）実習記録

　実習記録は，実習先の実習指導職員の指示にしたがって，期限までに提出しましょう。日々の記録とともに，実習終了に伴う，まとめのレポートなど期限までに清書して提出しましょう。

　その際，実習記録は利用児・者はもちろん，実習生である皆さんの情報まで含めて個人情報満載の資料になります。くれぐれも取り扱いに注意しましょう。実習先への提出の仕方，さらには，実習先からの返却の仕方を事前に確認して，遅延なく対応しましょう。特に実習先への提出など連絡の行き違いがないよう注意して，原則実習指導職員の方に手渡しで提出するようにしましょう。さまざまな事情で対面での提出が困難な場合など書留など配達記録が確認できる方法で提出しましょう。

　すでに実習が終了していますから，こうした実習記録の提出や返却のために実習先を訪問する際，授業を休んでも公欠にはなりません。授業を休まず訪問できるよう実習先と訪問日時を調整しましょう。

2）その他の提出物

　原則，出勤簿や評価表は実習先から直接，大学や専門学校の実習担当部署に返却されます。事前に実習関係書類が実習先に送付される際，返却の方法や必要な封筒など送付されていますので，実習先から確認があった場合など，大学や専門学校の実習担当部署への照会（情報の確認）を依頼して下さい。

3）実習報告レポート等

　実習記録や実習の手引きなどよく読んで，実習終了後に実習指導教員に提出が必要な書式は速やかに提出しましょう。実習終了の報告をした際などに，併せて提出の方法や日時を約束しておくと良いでしょう。

表5-1　提出確認チェックリスト

チェック項目	チェック	備　考
礼　状		
実習記録のまとめの項		
実習記録		
出勤簿		
その他：		

注：所定の提出物以外に実習先から指示のあったものは「その他」に記して忘れず提出し
　　ましょう。

2　実習後の学び方

（1）なぜ実習事後学習を行うのか

　これまでも繰り返し述べてきたことですが，実習を体験してもそれを単に
個人的な思い出に留めてしまっては，時間とともに記憶が風化し，利用児・
者や地域住民との関わりの中でも，印象深かった体験がその時に抱いた感情
とともに学生生活の一場面として残るだけです。実習に臨む前，教員や実習
指導者から事前学習の必要性を伝えられても「自分なら，やれば（体験すれ
ば）なんとかなる」「本を読むより，体験してみるのが一番」と勉強をしな
い言い訳をしていませんでしたか？　あるいは，実習が始まっても「大学で
は学べない体験ができている」という表現をする学生さんを多く見かけます
が，その体験について本当に大学で学んでいなかったのでしょうか？　それ
とも，学んでいたことについて実際に体験しているのに，机上の学びで得た
知識や視点を忘れてしまっている，あるいは，考えながら行動することが苦
手なので，知識と体験を関連づけることが難しかったのでしょうか？　果た
して，本当に「体験すれば，わかる」のでしょうか。
　社会福祉は「実践の学」といわれます。テキストや大学の授業で展開され

ている内容は，皆さんが実習を体験した現場の実践を積み上げ比較検討して，整理したから得られた知見なのです。言い換えれば，今現場で展開されている実践が明日のテキストの材料となっていきます。さらにいえば将来の皆さんの実践がその先の後輩たちのテキストの内容となっていきます。

　また，「ソーシャルワーカーは育てられたように，利用者に関わる」ともいわれます。この社会福祉士の養成課程，つまりはソーシャルワーカーの養成課程で皆さんがどのように周囲の教員や実習指導職員と学びを共有したかということは，皆さんにとって将来，実際に仕事として支援に臨む際，利用児・者との関係形成の原体験となっていくといえるでしょう。

　したがって，実習が終わったこれからの学びは，実習の緊張感から解放されるとともに，身近にいる実習体験を一緒にした仲間や，随時助言をしてくれる教員とともに個々の体験を振り返り，その体験を社会福祉の理論と関連づけ（リンケージ）ながら専門的経験として将来の実践基盤となるよう皆さんの中に蓄積していく過程ともいえます。一人ひとり体験してきたことは異なっても，利用児・者のどのような特性をどのように判断（アセスメント）し，自分の関わり方を想定して（プランニング）関わった（インターベンション）のか，それを評価（エヴァリュエーション）して内省することは，社会福祉士として，実習の振り返りを通じて自己覚知やスーパービジョンを体験するだけでなく，自分自身の体験を可能な限り客観的に振り返ろうとすることで，支援過程を振り返る（モニタリング）を疑似体験することにもなります。第4章のPDCAサイクルを思い出してみましょう。

　さまざまな社会福祉現場で，現場の仕事や支援を直接・間接的に体験することで，皆さんの中にいろいろな思いをともなった振り返りの材料が，数多くたまっていることと思います。ただそれは成功体験ばかりでなく，失敗体験もあり，自分一人で敢えて引き出しから取り出して，もう一度その場面を思い出してみることは辛くて難しいことも少なくないでしょう。また，自分では「上手くできた」つもりの体験が，利用児・者の成育歴や生活歴，ある

いは自分との年齢差，さらに要支援特性等，少し距離を置いて考えてみると，残念ながら自己満足だったり，独りよがりだったりすることもあります。

　もちろん上手くできたことを自信にしていくことも，実習を体験していく上で大切なことです。実習に行く前のさまざまな学びが実習での体験によって実感をもって皆さんの中に蓄積されるのは望ましいことです。ただし，支援を必要とする利用児・者や機関や施設，あるいは地域社会等の社会福祉の現場が対峙している課題は簡単に理解したり解決したりできることばかりではありません。皆さんが，「上手くいかなかった」「よくわからなかった」と感じて当たり前といえるでしょう。大切なのは，その体験を基にどのように学びを重ねて，実習での体験を単なる思い出にとどめず，社会福祉士としての専門性を培う基盤づくりの材料にできるかどうかにあるといえます。表現を変えていえば，自分自身で「上手くできなかった」「勉強不足だった」という気づきがたくさんある実習は，その気づきを次の学びの機会へと継続することができれば，良い実習（体験）をしてきたとも評価できます。

　肝心な事は，思考を連続させて個人的な体験や思いを専門職としての現場体験や考察に洗練・精査させていくことです。社会福祉士は実習から実践へと，こうした思考の仕方を習慣づけていくことで，その人らしい社会福祉士になっていくことができるといえるでしょう。「その人らしさ」は単なる個性ではなく，個人的な体験を専門性に照らしてその人の内面に蓄積することで醸し出される，専門職らしさであるべきだといえます。

（2）実習事後学習の展開方法

　さあ，せっかく現場の利用児・者，地域住民の方々，実習指導者の方たちが提供して下さった体験を将来専門職として，あるいは一市民として社会福祉の実践やその理解につなげていくために，どのように皆さん自身の中に蓄積していくのか，その方法をいくつか紹介しましょう。

1）実習体験の言語化

　まず，個人的な振り返りの方法としては，実習の体験を言語化（文章化）する方法があります。最初は体験したことをありのまま，自分の感じたまま，あるいは，今自分が活用することのできる知識をなるべくたくさん使って，自分自身の体験を自己評価しながら振り返ってみましょう。そして事後報告の「レポート」の形式でまとめてみましょう。第3章で紹介した「エピソード記録」を引用してもかまいません。ただ，「エピソード記録」は逐語記録の形式になっているので，後から思い出して書くことは難しいかもしれません。実習中の体験でその時は，上手く言葉にできなかったのだけれど，もう一度考えてみたい事，よく理解できなかったので誰かに助言してもらいたい事など，あいまいなままでかまいませんから，「事例」や「レポート」の形で文章にしてみましょう。

2）助言の活用

　実習体験が言語化できたら，大学の実習指導の教員とその体験を共有して，助言や学びに関する示唆をいただきましょう。あるいは，実習に行った仲間と，体験したことを披露し合って，助言し合うのも良いでしょう。このように自分の実習体験をありのままに他人に伝えて（開示して），自分よりも専門的知識や経験の豊かな人に助言してもらうことを「スーパービジョン」，同じような体験をした人同士が体験を語り合い，学び合うことを「ピア・スーパービジョン」，これにスーパーバイザーが加わる場合を「グループ・スーパービジョン」といいます（「ソーシャルワークの理論と方法」のテキストで復習しておきましょう）。

　社会福祉士は常に自分の実践を，自分自身が獲得した専門性をスケール（物差し）にして，利用児・者の生活課題の改善・解決に何らかの効果やメリットとなりうる支援であったのかどうか，自己評価をします。特に，上手く支援できなかった場合などは，次の実践に備えて，どこに要因があったのか可能な限り客観的に評価を加える内省的姿勢が必要です。

　しかし，こうした姿勢や力はなかなか自分自身の努力で身に付けることができるものではありません。私たちはとかく，自分には甘く他人には厳しくなりがちです。あるいは，一生懸命取り組んだことほど，良い評価を求めがちで，時に他者の真摯な助言も批判されたように感じ素直に受け入れられなくなってしまいます。このような戸惑いや葛藤から自由になること，自分の弱さを受け入れることを，支え手伝ってくれるのがスーパーバイザーです。

3）スーパーバイザーの必要性

　社会福祉士の仕事は他者の人生のさまざまな場面で，その人のプライバシーに深くかかわり，その選択に大きな影響を及ぼすことがあります。他者の人生に関わり，影響を及ぼしてしまうことに，おそれを抱くとともに，仕事で他者の人生や課題と関わるにあたっては，まず自分自身と率直かつ真摯に向かい合い自分を知っておくことが必要な仕事であるといえるでしょう。実習後の振り返りは，今後の実践に備えて，独りよがりに陥らない振り返りの方法，内省の視点を身に付ける機会でもあります。ソーシャルワーク実践は，単にその人の生活課題やその解決過程をアセスメントしたりエバリュエーションしたりと他者を評価するばかりでなく，そこに自分がいかに関与したのか自らをも評価することができて，初めて「その人らしいソーシャルワーク実践」の積み上げが可能となるといえるでしょう。

　では，具体的にスーパーバイザーとともにどのように実習を振り返ったら良いのか，いくつかポイントを挙げてみましょう。

（3）スーパーバイザーとともに振り返ってみよう――実習終了後の面接

　実習が終わったら，あまり時間をおかずに実習指導の教員とともに，実習を振り返ってみましょう。その際には，実習計画書，実習ノート，実習終了レポート，さらには巡回指導や帰校指導の際の記録等を持参し，自分の体験を振り返る際の具体的な材料としながら，一つひとつの場面で，自分が何を感じ，何を思い，何を考え行動したのか，もう一度自分の言葉で表現してみ

ましょう。スーパーバイザーである実習指導の教員の手元にも，学生の指導・助言の記録が残されています。時にその記録や教員の側がもった印象が皆さんが言語化した体験と一致しないこともあります。その差異や違和感を学生と教員が話し合い，共有し合いながら，丁寧に振り返っていくことで学生の個人的・主観的な体験が，専門的かつ客観的体験へと明確化され，さらには，専門職としての体験の一歩へと整理されていきます。

1）ありのままの体験を自分なりに率直に開示してみよう

　実習中はさまざまな体験をしたことと思います。その時，その場面では精いっぱい努力したこと，あるいは自分なりに「これで良い」と判断して行ったことが，後から大学で学んだ知識と関連づけて（リンケージ）ゆっくり考えてみたり，実習仲間の同じような体験での異なる判断や教職員の話を聞くと「あれで良かったのか？」と不安になることもあると思います。そして，自分なりに「良かった」と思えることや，自信のあることは人に話しやすいかもしれませんが，良かったのかどうか自信のないこと，ましてや，「間違っていたかもしれない」と思うことは，なかなか人に話しにくい（開示しにくい）ことと思います。特に教員に対しては，「こんなこと話したら『叱られる』かもしれない」と話すことをためらう人も少なくないようです。

　しかし，実習は社会福祉の支援のプロフェッショナルであるソーシャルワーカーになるための学びの過程の一場面です。上手くできないこと，わからないこと，迷うことがあって当たり前といえます。なぜなら，これまでも述べてきたようにソーシャルワーカーの支援は，他者の人生やプライバシーに関わる仕事ですし，その人生は皆さんが経験したことのない，時に想像も

できないようなことばかりですから，簡単に理解したり，関わったり，まし
てやそこにある課題の解決に寄与できるとは思えません。むしろ，未体験の
こと，未知のことにそれまでの大学での学びを駆使しながら挑戦していくこ
との方が多いのですから，試行錯誤は当たり前ですし，時に失敗しながら学
ぶ過程となるのは当然のことでしょう。

　実習後の学び合いは，何かが上手くできたかどうか他人と比較して，実習
に優劣をつける場ではありません。また，上手くいかなかったことがあって
当たり前ですし，自分の，あるいは，他人の上手くいかなかった体験を皆で
考えることによって，一人ではなかなか気づくことが難しい，多様な視点か
らのアプローチを話し合うことができることに意義があります。もちろん，
実習前の学びや準備が効を奏して，上手くいったこと，できたこともいろい
ろあったことでしょう。それはそれで自分の自信とする（セルフ・エンパワメ
ント）と良いと思います。また仲間同士，お互いの上手くできたことを評価
し合って，自信にしていく体験も，専門職同士のチーム・アプローチやチー
ム・エンパワメントの体験の機会でもあります。

　ただし，これまでの多くの学生たちの実習体験を見ていると，「できたこ
と」ばかりでなく，むしろ「できなかったこと」「上手くいかなかったこと」
が多くあるのが，ソーシャルワーク実習だといえます。言いかえれば，国家
資格をともなう専門職に求められる高い専門性についての実習ですから，学
生の皆さんが簡単に対応できないことがあって当たり前といえるでしょう。
そして，落ち着いて丁寧にその「上手くできた」つもりの場面を思い出して
みると，利用児・者の方たちの協力や職員の方の見守りがあったことにも気
づくことでしょう。第3章第5節（3）の事例で紹介した大木さんのように，
実習で今まで気づかなかった自分自身と出会うこともあります。実習の成果
は皆さん一人ひとりのものですが，その過程には多くの方の協力があってな
りたっているものです。体験の場面，場面で皆さんの実習が有意義なものと
なるよう，協力をして下さった方たちへの感謝を忘れずに，少し勇気をもっ

て自分自身の体験を率直に言葉にしてみましょう。体験したこと、そして、感じたこと、思ったことを言葉にして知識や助言と関連づけて考えていくことで、実習の体験は個人的な体験から、専門職を志す学生としての経験へと洗練されていきます。

　これまで繰り返し述べてきたように、実習は実習期間が終わったら学びが終わるわけではありません。「現場」では体験することで精いっぱいで、大学で学んだ知識と関連づけて考察したり、その場その場の専門性に見合った課題を自分の力で発見したりしながら実習を進めていくことは難しかったことと思います。そこで体験したことを、記憶や記録に学びの材料を溜めることができれば一定の成果といえるでしょう。例えば、実習中のさまざまな資料を整理して第4章で紹介した「9つの領域ボックス」をもう一度チェックしてみても良いでしょう。実習中と実習終了後では気づくこと、自己評価が変化することもあるかもしれません。こうして思考を継続していると、自分自身の変化にも気づくことができます。この「変化への着眼」は利用者の変化に気づくことにもつながっていく大切な力となります。

2）実習中に体験した感情の揺れや不安を表現してみよう

　実習中の体験は率直に言って、楽しい事ばかりではなかったであろうと思います。自分でも理由がよくわからないのだけれど、利用児・者の言動に腹が立つなど、思いがけない怒りの感情に囚われたり、あるいは、利用児・者の家族や親戚の言動が許せなかった体験もしたと思います。そして、その時は相手に対して怒りや正義感をもっている自分が正しい、あるいは、常識的な考え方をしていると思っていたことでしょう。

　また、なぜかとても気になる利用児・者がいて、その人と会話したい、笑顔をみたいと頑張りすぎてしまったこともあったでしょう。その一方でどうしても苦手で近づくことや、コミュニケーションをとることが難しかった利用児・者もいたかもしれません。大学での学びでは「利用児・者に公平に関わることの必要性」あるいは「利用児・者との適度な距離を保つことの必要

性」等を学んできました。また，バイスティック
の原則にあるように，「統制された情緒的関与」
や「意図的な感情表出」の必要性も学び，専門職
として自分自身の感情を統制して関わることの必
要性は十分学んできたはずです。しかし，「公平」
や「距離感」，「統制」や「意図」は簡単なことで
はなく，さまざまな場面で感情が揺れ動き，時に
立ちつくし，涙がこぼれ，怒りにこぶしをふるわ
せたりしたと思います。

　まずは，そんな自分自身の中に溢れてきてコントロールすることが難しか
った，さまざまな感情（感じた事）をありのまま言葉にしてみましょう。言
葉そのものの善し悪しを評価する必要はありません。否定的な感情や差別的
な表現も，その場面，場面で自分自身の内面に，表現や態度として表れたも
のまで素直に語ったり書いたりしてみましょう。

　例えば，特別養護老人ホームの実習で「介護放棄で施設利用になった利用
者の腰の褥そうの傷口から白いものが見えて『ギョッと』した」という記録
を書いたとしましょう。「ギョッと」という表現は，感覚的でその人しかわ
からないニュアンスの表現（主観的表現）ですが，そのとき実習生は確かに
「ギョッと」したのでしょう。それを無理に，「愕然とした」といったような
表現に変えないで，その時実感した自分自身の心身の状態を具体的に表現し
てみましょう。「人間の肉が裂けたり，爛れたりしているのを初めてみた」
「肉の合間から骨が見えていることに恐怖を感じた」「怖かった」「自分まで
痛いような気がして涙が出てきた」「鳥肌が立った」等。その場面を自分自
身の記憶に基づいて自分の中に再構成して，そのとき感じた事を思い出して
表現してみましょう。

　実習後の学びとして大事なのは，なぜその場面で，自分自身がさまざまな
感情に囚われたり，揺れたりしたのか，一つひとつ丁寧に考えて，皆さん自

身の「自分らしさ」とまず出会うことです。それは，皆さん自身の生育歴とも関連しているでしょうし，実習までの社会福祉に関する知識や技術，そして価値観の定着度とも関連しているでしょう。個人的な体験と大学での学びの到達度がその時点で皆さんの中に統合されたもの，表現可能なもの，それがソーシャルワーカーとしての現時点での「自分らしさ」です。果たしてどんな「自分らしさ」と出会うことができるでしょうか。ただし，その「自分らしさ」もあくまでも現時点での「自分らしさ」であり，今後の学びの深め方で，専門性に厚みや柔軟性が加わり，実践へ活用可能な「ソーシャルワーカーらしさ」に洗練させることができます。

こうしてソーシャルワーカーが自分自身と率直に向き合って，自己評価を試みていくことを内省といいます。実習は実習自体がソーシャルワークの試行の機会であるだけでなく，実習に関連する学びが，ソーシャルワーカー，そして社会福祉士らしい思考の巡らせ方を体験していく機会でもあります。

3）個人的体験を実習経験として社会福祉士としての振り返りへと洗練してみよう

次に，語ったり，文章化したりした体験を実習担当教員（スーパーバイザー）とともに，振り返り，評価を加えて個人的体験から専門職としての経験へと整理していきましょう。この整理のプロセスは，なかなか簡単に進めることはできません。記憶と記録を丁寧に辿って，可能な限り正確に場面を再構成して，スーパーバイザーとともに追体験をして，一つひとつ専門知識と関連づけながら全体に支援場面としての専門性による奥行をもたせることによって，立体的に捉え直すことが必要です。単なる場面ではなく，その場面の意味や意図を理解した上で，そこにいる自分自身やそこで自分自身が試したこと，抱いた感情を思い出すことによって，その場面で自分がした本当の意味での実習体験が具体的に理解可能となります。第3章第5節（1）の事例で取り上げたように西田さんが体験した職場と職種の関係や役割や機能もスーパーバイザーの解説や助言と関連づけて考えてみると，理解が異なってくることもあります。

　自分一人の力では，気づくことのできなかった場面の意味や利用児・者の立場や想い，あるいは職員の関わりの企図をスーパーバイザーとともに，多様に想定，比較検討して可能性を模索してみましょう。自分の記録や記憶だけでは，うまく絵を描くことのできなかったジグソーパズルの空白のピースが，少しずつ埋まって全体像が浮かび上がることでしょう。時に，自分が漠然と思い描いていた，あるいは思い描くことができないために，本当は空白な部分にも絵があるようなふりをしていた体験が，明確に描き出されていくこともあります。

　スーパーバイザーは皆さんが実習を体験した場所には同席していません。つまりは，実際にその場面を見ていないわけですが，なぜ，あたかも見ていたかのように，皆さんが思い出せなかったり，気が付いていなかったりした部分に光を当てることができるのでしょう。それは，社会福祉の支援が，ソーシャルワークの専門性に拠って実践される専門的支援だからです。そこに展開される専門性の基盤である「知識」「技術（方法）」「価値観」はそれまでの実践成果を積み上げ，精査して言語化してきたものですから，どの現場，場面にも共通する要素があるのです。その共通する要素，つまりは専門性に基づいてスーパーバイザーは皆さんの体験をひも解き，不足している（潜在化している）記憶を浮かび上がらせたり，利用者のストレングスへの着眼や課題への気づきを促したりするなど，その実践に必要な着眼や考察を指摘することが可能となります。

　スーパーバイザーにより具体的に自分に必要な助言をしてもらうためにも，以下のような作業を繰り返し試みてみましょう。実習中はいろいろな体験をしていますから，一度にすべての体験をわかりやすく整理することができるとは限りません。一つひとつの課題に丁寧に焦点化して体験を振り返ってみましょう。一つひとつの体験を適切に整理して言語化し，知識との関連づけができると，スーパーバイザーの助言がなくてもある程度自分の力で内省することができるようになります。これをセルフ・スーパービジョンといいま

┌─── 振り返りの手順 ───────────────────────────────────┐

① ありのままに語る・書く

・エピソード記録を材料にしても良いでしょう。

・レポートや事例を作成しても良いでしょう。

・実習を体験した仲間たちとの語り合いも良い機会です。

② スーパーバイザーの質問に応えながら，場面を詳細に再現してみる

・自分では記憶していても，言語化できない（潜在化している）体験や情報を言語化（顕在化）してみる体験をしてみましょう。

・自分ではそれほど大切ではないと思っていた情報が利用児・者理解や支援関係の評価に必要な場合があります。体験的に専門職が着眼する情報について理解してみましょう。

・この振り返りの過程を大学での援助技術の学びと関連づけて，自分自身の支援基盤の到達度をできるだけ正確に“自己覚知”してみましょう。

③ そこでの自分自身の言動を，感じた事，思った事，考えた事に整理してみる。

・既述したように，学びの機会である“現在（今）”を活用して，いろいろな自分自身の言動，特に苦手な事や，不安な事を素直に表現してみましょう。

・感じた事と思った事はどちらかというと主観的な評価です。考えた事は本来知識と関連づけた客観的思考のはずですが，ただ語尾に「…と考えた」と表現しているだけで，根拠のない主観の場合もあります。

　「…のつもり」は実習の振り返りに限らず，よくあることです。スーパーバイザーや仲間の力を借りて，より正確な“自己覚知”を試みてみましょう。

④ 再度スーパーバイザーに，体験を開示して助言を得て，細部に修正を加える。

・上記の過程を経て，不足する情報を補ったり，主観や客観の区別を明確にして，再度実習経験を開示してみましょう。

・実習体験が詳細で整理されたデータとなったことで，スーパーバイザーからはより専門的な助言や示唆を受けることができます。助言や示唆について，さらにスーパーバイザーとディスカッションを重ね，自分の実習の到達度や課題を明確にしてみましょう。

└──┘

す。実際に仕事をする場面ではいつもスーパーバイザーが側にいてくれるわけではありませんから，こうした専門職らしい内省の姿勢を身に付けておくこともソーシャルワーカーとして，あるいは社会福祉士として仕事をする際，必要な基盤形成でもあります。

4）実習の課題をテーマ別に整理をして振り返りを深めてみよう

さあ，振り返りの材料ができました。それでは，具体的に実習での体験を専門知識と関連づけて考察を加えていきましょう。焦点化する課題は一人ひとりの体験の中にも多数・多様に存在していると思います。以下の項目を参考に，自分の体験の中から，振り返ってみたい課題を少なくとも一つずつ見つけてみましょう。

スーパーバイザーに示唆や助言を求める場合は，まず自分なりの意見や考え（仮説）をまとめてから質問するようにしましょう。ただ，これまでも述べてきたように，時に言葉にならない思いや，どう表現して良いかわからず，質問が難しい場合等には，率直に「うまく言葉にできないのですが…」「なんと表現して良いかわからないのですが…」と今の自分の状態を伝えながら（自己開示），示唆や助言を仰ぎましょう。スーパーバイザーは，皆さんが表現することが難しいことを例示したり，感情を表出することを促したりして皆さんが話しやすい交互作用を提供してくれます。

ここでスーパーバイザーと体験する交互作用は将来皆さんがソーシャルワーカーとして利用児・者との間で体験することが推測される交互作用の一つのモデルでもあります。そして，実習をきっかけにした発展的な学びの機会でもあります。スーパーバイザーへの働きかけの視点について，一部例示しますので，スーパーバイザーに，体験を開示する際の参考にして下さい。

①　職場実習として

社会福祉の職場として，あるいは個々の領域，例えば，高齢領域とか障害領域，あるいは児童，公的扶助の領域，さらには，施設実習，在宅実習，地域実習等の実習形態ごとに，ソーシャルワーカーが働く職場としての実習に

ついてどのような体験をしたのか，思い出してみましょう。

　実習先で職員の様子を観察したり，会議に陪席させていただいたり，資料を見たり，あるいは，他の機関・組織等との連携の様子を知ることによって，社会福祉実践の職場，社会福祉士の職場について，どのようなことを感じ・思い・考えたのでしょうか。これまで大学で学んできた実習先の職場としての機能や役割は，妥当な理解でしたか。あるいは，実習前に知りたいと考えていた職場の実情に触れる，知る，理解することはどの程度できたのでしょうか。見聞を言語化して，自分の理解の妥当性を確認してみましょう。

　② 職種実習として

　皆さんが実習した施設や機関，団体ではソーシャルワーカーはどのような部署に所属し，どのような呼称で呼ばれ，どのような役割や機能を担っていたでしょうか。そしてそれは，皆さんが大学で学んできた機能や役割と一致していたでしょうか。また，他の実習先で実習してきた仲間の体験と比較してみて，ソーシャルワーカーの働き方は，どの職場でも同じものだったのでしょうか。第3章第5節（2）の事例で取り上げた吉川君のように，それぞれの現場でソーシャルワーカーが活用する資源には共通性と特性があります。仲間の体験から間接的に学ぶこともたくさんあるでしょう。

　個々の実習先のソーシャルワーカーの機能や役割とともに，職場との関連で変化するソーシャルワーカーの機能や役割についても理解し，自分自身の体験がソーシャルワーカーの仕事のどのような場面のどのような機能や役割について期待された働きであったのか，理解を修正しながら，自分自身の課題を見つけてみましょう。

　③ ソーシャルワーク実習として

　実習の主題ともなる課題です。皆さんは将来，社会福祉士の国家資格をもってどのような社会福祉士になり，どのようなソーシャルワーク実践をしていきたいのでしょうか。それぞれ自分が思い描く理想像があると思いますが，ここではまず，基本の定着度の確認をしてみましょう。特に，ソーシャル

ワーク実習としての振り返りは，大学で学んだ，社会福祉の専門知識・技術（方法）・価値観について，具体的に自己評価を加える機会となります。

　以下のような視点を参考に，ソーシャルワークの基盤の習得への具体的な取り組みを自己評価してみましょう。

　a．専門知識の活用
　・スーパーバイザーとの面接や課題をまとめる際，適切な専門知識・用語を活用（言語化）できた。
　・実習現場で見聞したことを言語化する際，適切な専門知識・用語を活用できた。
　・実習現場で体験したことを言語化する際，適切な専門知識・用語を活用できた。
　・実習現場で自分自身がソーシャルワーク実践を企図して試行したことを言語化する際，適切な専門知識・用語を活用できた。
　b．ソーシャルワーク技術の活用
　・スーパーバイザーとの面接や課題をまとめる際，実践の試行を意識した内容を適切な専門知識・用語を活用（言語化）できた。
　・実習現場での介入の試行にあたって，アセスメントは適切にできた。
　・アセスメントに基づいて，実習計画等を念頭において，意図的に行動できた。
　・可能な限り，ミクロレベル，メゾレベル，マクロレベルの支援を試行できた。
　・試行したことについて，記録や面接を通じて実習担当職員や巡回指導の教員の助言を活用できた。
　・助言に基づいて，再度意図的に利用児・者に働きかけることができた。
　・助言に基づいて地域の課題の見立てや支援方法の立案を修正することができた。

・実習全体を「過程」として見渡す視点をもちながら体験を重ねること
ができた。

c. 価値観の体現
・利用児・者，地域特性の個別化を試みることができた。
・利用児・者主体の言動を維持できた。
・さまざまな場面で，人権の尊重や権利擁護の視点を維持できた。
・実習先の社会福祉サービス，ソーシャルワークサービスとしての理念
を理解できた。
・権利擁護の仕組みや視点について理解できた。

5）事後学習としての実習報告書や実習報告会への取り組み

　実習の事後学習については，一般的に大学から実習報告書の作成や実習報告会への参加が課題とされます。その他に大学独自の課題や指導教員の判断で課題が加えられる場合もあります。スーパーバイザーとともに振り返った成果を実習報告書や実習報告会で再度公開し，多くの方から評価をいただきましょう。社会福祉士の実践は，自らの実践経験を開示して助言を得ることで洗練されていきます。皆さんも少し勇気をもって自分自身の実習体験を開示して，現場での実習体験を活かした学びに厚みを付けていきましょう。その厚みは皆さんの支援や考え方のバリエーションとなって将来の実践力の強化へとつながっていきます。

　また，自己の実践を開示する習慣を身に付けておくと，仕事をするようになった時も，皆さんの判断や支援が独りよがりに陥ることを防ぐだけでなく，自分では気づかない視点を支援に加味することで，支援の多様性が広がります。

（4）体験した実習を自分なりに評価してみよう──自己評価への挑戦

　スーパービジョンを活用しながら，面接記録や事例やエピソード記録を材料に自己覚知に挑戦してみましょう。記録を材料にして，専門的助言や視点と関連づけて振り返ることによって，そこに顕在化した自己の学習課題について，実習中の体験と事後の学びを関連づけることが可能となり，ソーシャルワーカーとして，さらには，社会福祉士としてのソーシャルワーク実体験の振り返りができるようになります。あわせて，実習報告書や実習報告会のテーマへと収斂していくことができます。

　前述したように実習中のエピソード記録には，実習体験の一場面が逐語記録の形式で書かれていることと思います。自分なりに，ありのままを記録するよう心がけたことと思いますが，一部記憶の記録への転記もれや，記憶の潜在化，あるいは，必要な情報の確認の漏れ等があるかもしれません。そこで，ここでは以下のシートを活用して，エピソード記録の中に必要な情報が洩れなく表現されているか確認してみましょう。

　従来は医療領域で開発された POS（Problem-Oriented System Record）方式の記録法が社会福祉の記録でも活用されてきましたが，社会福祉の実践にあてはめた場合，不足・不具合が生じます。そこで，この POS 方式を応用し社会福祉の専門性に応じた方式の記録法が模索され POS が記録の要素とした，利用者の主観（Subjective date），ワーカー側の主観（Objective date），計画（Plan），つまり SOAP に，アセスメントに代わって行動（Action）を入れ，印象（Impression），目標（Goal）を加えた SOAIGP 方式が提起されるようになりました。

　本書では，さらに一部修正を加えて，より社会福祉実践に適した情報の共有化，振り返りに適した，記録法を提案してみたいと思います。記録は表5-2を活用して情報に漏れがないように意識すると，エピソード記録として，さらには，メモや記憶をもとに作成した事例（データ）としての正確さ，客観性を増すものと考えられます。必ずこの要素を満たせば，良い記録が書

表 5-2　自己評価スケール

確認項目	評価の視点	自己評価
Focus —焦点	記録の主題が明確に書かれているか	
Motivation —動機	なぜ，その場面に着目したか明確になっているか	
Subjective —主観的情報	利用者の訴えや行動など主観に基づく情報が書かれているか	
Objective —客観的情報	ケース記録など客観的データ，職員からの助言などが書かれているか	
Assessment —判断・評価	SとOを比較検討した結果の判断・評価が明示されているか	
Action —行為・活動	Assessment に基づいた関わりかけ，あるいは，その場の言動が記されているか	
Reaction —反応	自らの行為に対する利用者の反応が記されているか	
Impression —印象	支援者の主観的気付きも"主観"として書き記す	
Evaluation —評価	その場面の交互作用の専門知識と関連づけた自己評価	
Goal —到達目標	評価に基づき顕在化した実習の目標の明示	
Plan —実習の計画	実習の目標を達成するための当面の課題の明示	

出所：筆者作成。

けるというわけではありませんが，記録を書く時，あるいは記録に書き漏らしがないか確認する時，これらの項目を活用すると便利です。

　実習の振り返りでは，実習記録やエピソード記録を題材にして，記録だけでなく，その場面を事例として捉えた時，着眼や情報収集に不足がなかったか，ソーシャルワーカーとしての視点や知識の活用の到達度としての評価ス

表5-3　関係形成の自己評価

振り返り項目	視　点	自己評価
責任（Commitment）	社会福祉士の倫理綱領などを参照し，責任を自覚して行動できたか	
関心（Concern）	利用児・者，地域，住民の生活課題に適切な関心を寄せることができたか	
把握（Catch）	利用児・者のニーズや地域に発生している課題を把握できたか	
接触（Contact）	発見したニーズに方策を講じて関与することができたか	
矛盾（Contradiction）	望ましいとされる実践と実際体験した支援との矛盾を受け入れられたか	
葛藤（Conflict）	様々な行動に伴って生じる葛藤を挑戦的な動機にかえられたか	
挑戦（Challenge）	不安や苦手意識を克服して，課題に挑戦できたか	
カタルシス（Catharsis）	様々に生じた否定的な感情を整理したり，乗り越えたりできたか	
創造（Creation）	出会った課題を乗り越える方法を自分なりに創造することができたか	
関連（Connection）	体験を大学の学びや指導者の助言と関連づけることができたか	
ケアリング（Caring）	自分なりに創造した関わり方で課題に関与できたか	
調和（Congruence）	関わり方を誠実に自己評価できているか	
達成（Concrete）	自分で設定した課題を遂行できたか	
構築（Construct）	体験に考察を加えて専門的な基盤として内在させることができたか	

出所：ジョナサン・パーカー／村上信・熊谷忠和監訳『これからのソーシャルワーク実習』
　　　晃洋書房，2012年，63-64頁に筆者が加筆・修正。

ケールとして活用しても良いでしょう。

　また，記録を確認することによって明確になった自分自身の利用児・者との関係形成はどのようなものだったのかについては，表5-3を活用して支援関係の力動を自己評価してみましょう。実際に利用児・者と関わっている場面では関わることで精一杯だったかもしれません。中には記録できていなかった，あるいは，記憶しようと意識できなかった要素もあるかもしれません。体験したすべての場面ですべての項目が評価できるわけではありませんし，実習の初期と終了時を比較してみると，実習生の落ち着きや利用児・者との関係によっても評価が可能な項目の増減があるものと思います。いずれの場面もその場，その場のありのままの自分です。スケールをコピーして，場面ごとに評価して比較してみると，自分の変化がより明確になるかもしれません。率直に等身大の自分自身と出会ってみましょう。

3　実習後の実習成果の報告と分かち合い——仲間とともに

（1）個人報告——実習報告書の作成

　実習報告書は，皆さん一人ひとりが既述したような課題に焦点化して自分自身の実習をエビデンスベイスドで振り返ってみる方法の一つです。実習の課題の中でも特に印象深かったり，自分なりに挑戦してみたい課題など，テーマを絞って実習記録やエピソード記録，自立支援計画や事例，そして日々の実習のメモ等から，参照できるデータ（エビデンス〔実証にたる事実〕）を集めてみましょう。

　せっかくこれまで，スーパーバイザーの助力を得て，自分の実習について，丁寧な振り返りをしてきましたから，その振り返りの中からテーマを選ぶと良いでしょう。事後学習の成果を自分なりに多くの人に開示してみましょう。

　実習報告書の書き方はさまざまですが，一例を示してみましょう。

【構　成】

1．はじめに
・この報告書で何に焦点を当て
　て考えたいのか
・課題設定の理由
・必要であれば，倫理的配慮に
　ついての説明

> 実習先の日課などを転記すると同じ実習先の学生はみんな同じ記述になってしまいます。自分なりの実習のテーマに沿って概要をまとめて書いてみましょう。

2．実習先の概要と実習内容
・プライバシーに十分配慮すること
・スケジュールや日課ではなく，ソーシャルワーク実習として何に取
　り組んだかを明示する

3．実習中の課題とその達成度
・実習計画の要旨をまとめる
・全体としての到達度と，個別課題の
　到達度を自己評価

> "評価"は具体的な根拠（Evidence）をもとに判断するよう心掛けましょう。

・その中でも実習報告書のテーマをなぜ選出したか経過を明記

4．課題に関わるエピソード
・エピソード記録からの抜粋
・エピソード記録などを参照した事例

> 守秘義務を意識し，研究倫理に基づいた情報管理をすること！

5．考　察
・実習担当職員，教員などからのアドバイス
・大学での学びや実習報告書を作成する際活用した文献の引用などと
　関連づけた考察
・自分なりの自己評価

6．課　題
・今後の大学での学びの課題
・社会福祉士としての将来の課題

> 関係者への謝辞を忘れないようにしましょう。

（2）グループ報告──実習報告会の準備

　実習での体験はそれぞれの領域や実習先の業務，あるいは利用児・者の特性によってさまざまだと思います。しかし，そこでまず，利用児・者あるいは，地域住民に出会った時，駆使するのはコミュニケーション技術です。そして，障害領域の実習に行っていても児童領域の知識が必要だったり，福祉事務所の実習に行ったら救護施設のケアワークを体験したりと，まさにソーシャルワーカーとしての知識・技術・価値観を柔軟に体現・試行していくことが求められます。

　また，存命・死別の相違はあっても，すべての人には家族がいます。「人と環境とその交互作用に機能する」ソーシャルワークは，利用児・者にとって一番身近な環境である家族にアプローチしますし，施設も地域に存在していることを考えると，どの領域でも利用児・者が日々の暮らしを営む地域の事を環境として視野に入れることはソーシャルワーカーの構想する支援の枠組みとして，当然の視点といえます。そして，そこではミクロ・メゾ・マクロレベルの援助技術を利用児・者や課題に併せて試行していきます。言い換えれば，ジェネラリスト・ソーシャルワークの展開が，知識・技術の両面から問われ，ソーシャルワーカーとして，そして，社会福祉士としての人権尊重の揺るぎない価値観の体現が問われているともいえるでしょう。

　したがって，皆さんは実習で，領域や対象が異なっても社会福祉士としての支援の基盤である知識・技術・価値観の試行・体現については，共通する体験を数多くしているものと思われます。実習報告書の作成等を通してスーパーバイザーとともに，自分自身の実践体験を掘り下げていくことも大切な学びですが，国家資格である社会福祉士としての力量を高め，ソーシャルワークの知識や技術の理解を深めていくためには，いくつかの領域の体験を重ねて，社会福祉全体に共通する知識や技術と領域・対象個々の特性に応じた支援の必要性を比較検討しながら理解を深めていくことが必要になります。

　現状の社会福祉士のソーシャルワーク実習体制では，体験できる実習先は

多くても2カ所の実習先に留まります。自分自身の体験の振り返りだけでは，こうした実習先ごとの相違と普遍性を考える機会は十分とはいえません。仲間と体験したことや，学びの成果を交換し合うことで，他者の体験と自分自身の学びと比較検討しながら思考の枠組みに多様性を持たせていくことが，少ない経験からの思い込みや学びの偏りを防いでくれることにもなります。

　また，同じような体験をしていない仲間に自分の体験を通じて感じ・思い・考えたことを伝えよう，わかってもらおうとする作業過程も，自分自身の実践体験を振り返ったり，適切な表現を見つけるために知識に厚みを付けたりする良い機会にもなります。自分だけで自分自身の体験を振り返っていると語ったり，書いたりしている言葉の合間を記憶で埋めて「言語化したつもり」になっていることがあります。同じような体験をしていない相手には，この「合間」は「合間」，つまり説明の不足としてしか理解されません。仲間の問いに応えていくことが「つもり」状態を抜け出る機会となります。

　さらに，社会福祉士には，その倫理綱領に研究の力を付ける必要性が謳われています。社会福祉は「実践の学」であり，リッチモンド以来実践結果を論証することによって専門的理論を生み出してきました。皆さんも社会福祉士課程の学びの仕上げにおいては，研究的要素を体験していくことも必要となります。仲間との話し合いによって，さらに皆で探求したいと考えたテーマについて，実習経験の共通課題や事例，職員や教員からの助言や示唆等を材料に共同研究を展開していくことも，社会福祉士としての専門性を培うために必要な学びのプロセスとなります。グループの仲間の共通の興味・関心について，自分たちで研究仮説を立案し，仮説の論証：研究に取り組んでみましょう。

　このグループでの課題の抽出や検討の過程の体験が社会福祉士には不可欠なチーム・アプローチの試行にもなります。話し合いの機会をケース・カンファレンスに参加するつもりで，自分の体験を実践感覚の糧としてチームの話し合いに臨んでみましょう。社会福祉士はその業務において単独で仕事を

することはごくまれです。共に支援に取り組む仲間と話し合いによって，共通理解や合意形成していく過程を体験することで，将来のチーム・アプローチに必要な専門性を身に付ける事が可能となります。

これまで紹介してきた振り返りの方法を活用してその成果を研究としてまとめてみましょう。

【研究過程】：チームで協働することを学びながら体験してみよう

1. 実習体験の共有化
2. 共通課題の焦点化
3. スーパーバイザーの活用
4. 研究への展開
5. 検　討
6. 資料作成
7. プレゼンテーション
8. 振り返り

> 詳しくは，大学生向けの研究方法の解説書や卒業論文，レポートの書き方の参考書を活用すると良いでしょう。

（3）学びの報告──実習報告会

実習報告書を書いたり，学生同士で学び合ったりして実習体験の整理ができたら，実習報告会を開いて多くの方にその成果を伝えましょう。お世話になった実習先の職員の方たちや皆さんの学びを支えて下さった方，これから皆さんのように実習現場で体験学習に臨もうとしている後輩等に，実習を通じて今現在たどりついている学びの成果を披露してみましょう。

これまでも述べてきたように，実践は開示して評価を得て洗練されていきます。多くの人に披露すること（開示すること）は，単なる「報告会」ではなく，専門職としての説明責任（Accountability）を果たすためのプレゼンテーションの練習の場でもあります。これまでの学びの成果を十分活用して，単なる思い出や感想を述べるのではなく，「ソーシャルワーク実習」「社会福

祉士になるための実習」として
何を学び得たのかを「報告」し
てみましょう。

　報告内容は実習報告書の内容
に説明を加えて報告しても良い
ですし，グループ研究の成果を
発表してもかまいません。大学
によっては，公開討論（シンポ
ジウム形式）をとる場合もあり

ます。どちらを題材にしても，あるいはどの形式でも不特定多数の人に自分
の体験や伝えたいことを可能な限りわかりやすく，正確に伝えるためには，
資料の作成の仕方，発表の方法にも工夫が必要です。これまでの学びの成果
をもちよって発表時間と内容を考えて，発表方法や資料を考えてみましょう。

　学生の皆さんにとって，人前で自分の学びの成果を発表することは初めて
の経験で緊張や恥ずかしさを感じることも多いでしょう。短い時間に必要な
ことを順序よく発表するのは簡単ではありません。発表にあたっては，原稿
を用意すると良いでしょう。原稿を用意する際，これまでの学びの成果をま
とめるとともに，以下のような事柄も合わせて表現すると良いでしょう。

1）学ばせていただいた現場への感謝を伝えよう

　実習報告会は皆さんの実習の成果を披露する場であるとともに，実習に協
力して下さったすべての方たちにその感謝をお伝えする機会でもあります。
皆さんにとって資格取得のために必要な実習も実習先の利用児・者，職員の
方にとっては生活の場や職場に見知らぬ人を招き入れる，時に煩わしかった
り，少なからず迷惑をおかけする訪問にもなりかねません。多くの方のご協
力や配慮によって達成された学びですから，その成果を大学だけでなく社会
的に認めていただけるレベルや形式で公開することは，皆さんの責務ともい
えます。もちろん，その後の国家資格取得のために試験勉強に精進すること，

資格取得後も専門性の向上のために努力を続けることも同様の責務といえます。

一人ひとりの利用児・者の方に「ありがとうございました」とお伝えする事は困難ですが，実習報告書の作成や実習報告会の形でその想いを伝える事が必要でしょう。実習報告会の発表の冒頭，または最後に一言感謝の言葉を付け加えるのを忘れないようにしましょう。

2）学びの成果を分かち合おう

実習報告会は必ずしも実習生全員がその成果を発表できるわけではありません。社会福祉士の養成課程の定員が少なく，グループ研究の成果を発表する場合であれば，実習生全員での発表も可能ですが，多くの大学では，同じ領域で実習した学生のグループごとの発表，あるいは各々のグループを代表する数名の学生によるシンポジウム形式の発表になります。この場合は，代表する学生がそれぞれのグループの領域による学びの特性をプレゼンテーションしながら，実習での学びの成果を発表することになります。

人前で発表するのは数名ですが，この数名は個人的な体験を発表するのではなく，体験を題材に仲間とともに学んだ成果を仲間を代表して発表することになります。したがって，実習報告会はその準備段階，発表を通して，共に実習に臨んだ仲間と，そして，これから実習を体験する仲間と，実習の成果を分かち合い，参加している一人ひとりの学生が自分で発表するしないにかかわらず，それぞれの立場で，社会福祉士としての次の段階の学習課題を発見する機会ともいえます。

3）個々の課題を提起してみよう

実習報告会は人前で発表した人だけでなく，他者の体験を聞いたり，その発表への質問や助言を聞いたりすることによって，自分自身の体験を振り返る新たな視点を得ることができます。その新たな視点から再度自分の実習体

験を振り返ることで，新たな自分の課題に気づく機会でもあります。言い換えると，社会福祉実践は同じ体験でも視点や立場を変えると評価の着眼点が変わってきて，新たな成果や課題が顕在化してきます。

　ソーシャルワークの支援は「（利用者が）100人いれば100通りの支援がある」と言われますが，社会福祉士が100人いれば100通りの着眼や発想があることもあります。もちろんそこには，利用者主体，人権の尊重という普遍的な視点が前提となりますが，支援者側の着眼や支援方法のストックの豊かさが支援のバリエーションとなり，利用者との支援関係が利用者一人ひとりによって異なるコラボレーションを生み出すからです。

　実習報告会が終了すると，それで実習の一連の過程が終了となりがちですが，実習報告会での成果を仲間とともに分かち合うことこそ，自分自身の体験や学びの成果を確認する良い機会といえます。実習報告会の後に授業が設定されている場合はその授業の機会に仲間の意見に耳を傾け，自分の新たな視点を伝えてみましょう。また，実習報告会の後に授業が設定されていない場合等，インフォーマルなかたちでかまいませんから，仲間と話し合う機会を作ってみて下さい。

　社会福祉の学びは実践して考え，考えては学び，そしてまた実践に臨むことの繰り返しになります。その際，実践が独りよがりに陥らないよう，社会福祉士としての最初の現場体験である実習の段階から実践して考え，考えては学び，そしてまた実践に臨む習慣を意識づけておきましょう。こうした習慣を身に着けることができると，皆さんが支援に悩んだ時，その活路を見出す思考方法となります。そして，また過去の経験や成果にとらわれないことによって，利用者に多様な支援の選択肢を提示することができる社会福祉士になることができます。

　実習報告会は学生時代の大切な思い出の一場面であるとともに，皆さんにとって社会福祉士として社会にその専門性と責任を開示する最初の体験ともいえるでしょう。

参考文献

パーカー，ジョナサン／村上信・熊谷忠和訳『これからのソーシャルワーク実習
　　──リフレクティング・ラーニングのまなざしから』晃洋書房，2012年。

白澤政和・米本秀仁監修『社会福祉士　相談援助実習』太洋社，2009年。

副田あけみ・小嶋章吾編『ソーシャルワーク記録』誠信書房，2006年。

宮田和明・川田誉音・米澤國吉・加藤幸雄・野口定久・柿本誠・石河久美子編『社
　　会福祉実習』太洋社，1998年。

福山和女・米本秀仁編『社会福祉援助技術現場実習指導・現場実習』ミネルヴァ書
　　房，2002年。

第6章	次のステップに向けて

　本章では，皆さんは学生から社会人・職業人へとステップアップしていくという観点から，ソーシャルワーク実習の意義や学び，考えてほしいことを取り上げます。

　具体的には，第1節で，信頼関係を結んで人を支援する仕事を目指す皆さんに考えてほしい大切な事柄を取り上げます。次に継続学習と専門職としてのキャリア形成の必要性を考えます。

　続いて第2節では，ソーシャルワーク実習自体がインターンシップであり，実習を通して十分な基礎的職業能力を身に付けると，将来の進路選択の幅を広げることにつながることを学びます。

　そして，第3節では，将来の社会福祉専門職を目指す皆さんにとって，卒業まで継続して学習することの大切さを強調すると同時に，継続学習の課題の見つけ方を学びます。さらに専門職としてのキャリア形成や生涯学習の必要性を取り上げています。

1　実習の学びを活かす

（1）信頼関係を結んで他者を援助する仕事

1）実習の学びを今後の生活に活かす

　実習を終えた皆さんは，どんな気持ちや感想を持っているでしょうか。1カ月を超える期間，与えられた初めての場に身を置き，実習の活動に集中し，自分のことではなく他人である利用者のことを真剣に考え抜く経験をしたこ

とから，多くの発見をしたのではないでしょうか。中には，社会福祉の仕事の奥深さと面白みを感じ，将来の就職先を具体的に思い描いた人もいるでしょう。また反対に社会福祉の道を選ばず，異なる分野に進みたいと方向転換を考えた人もいるかもしれません。しかし，どのような考えや思いが浮かんだ場合も今回の実習の体験によって，他者を通して自らのことを考える大きなきっかけとなったといえるのではないでしょうか。

　そこでは，他者のことを考える経験の中で自分自身に気づき，自分を知る機会になったかもしれません。そしてまた，初対面の人に接する難しさや，利用者のみならず現場の職員の方々との人間関係の構築の難しさに直面したことにより，自分の課題に気づくことができた人もいるでしょう。

　本節では，さまざまな実習での学びを整理・確認し，今後の生活にどのように活かす事ができるのかということを考える材料を提供していきたいと思います。

2）信頼関係を結ぶということ

　ソーシャルワーカーは，利用者の持っている潜在的な力も引き出しながら援助を展開していることを現場での体験から理解したと思います。そしてさらに，援助の展開過程に利用者から援助者（ソーシャルワーカーのみならず）が信頼を得て，それを深めていくことが必須条件ともなっていることを理解したのではないでしょうか。それは，ソーシャルワーカーが利用者に助言する際，ソーシャルワーカーがいくら利用者の立場に立って考えたことであっても利用者が信頼していないソーシャルワーカーに対し，聴く耳を持てないという事態が生じるということです。ソーシャルワーカーが利用者から信頼を得るように尽力することは重要ですが，その一方からだけで信頼関係の構築ができるわけではありません。ここではむしろ，ソーシャルワーカーが真に利用者を信頼するということについて考えてみたいと思います。

　自信がなく不安な状況で支援を求めてくる利用者に対し，ソーシャルワーカーはどんな状況にある利用者であってもその人自身の可能性を見出し，そ

の可能性に働き掛けながら支援計画を立てて実践を行っていきます。そこで
は，ソーシャルワーカーがその利用者自身に信頼を寄せることが前提となり，
また，信頼を寄せることにより利用者の可能性が見え，利用者もソーシャル
ワーカーの信頼に応えるかのごとく，どんな困難な状況であろうとも援助の
目標の達成に力を注ぎ，努力を惜しまない態度がつくられ，課題解決に近づ
くわけです。

　このようにソーシャルワークは，ソーシャルワーカーと利用者の相互の信
頼関係構築が基礎となって支援が展開されていることを改めて確認すること
ができます。信頼関係が支援の質を決めると言っても過言ではないのです。
また，信頼関係はできた，できないという結論的に考えられる種類のもので
はなく，信頼は，徐々に深まっていくという積み重ねで深さが増していくも
のといえます。このように他者援助は，対人関係で芽生える信頼が土台とな
っているのです。

　ある実習生から実習後に「実習の指導者から『あなたにお願いする』とあ
る業務を任されたことが大変嬉しく，ミスをしないように頑張った」という
報告がありました。なぜ嬉しかったのでしょうか？　それは，指導者が実習
生自身を信頼してくれた証しの言葉だったからに他なりません。信頼し任せ
てくれたからこそ，「頑張ろう」と実習生もやる気をさらに出し，やったこ
とのない仕事に全力でチャレンジしたわけです。一方，実習指導者は，出会
って1カ月に満たない実習生の力に賭けて（可能性を信じて）初めての業務を
依頼したわけです。この関係から実習生は，実習指導者の期待に応えながら
実習において，知識や技術を増すことができていきました。このような実習
生が実習中に知識や技術を深めていく様子を見て，実習指導者はますます信
頼を重ねていく結果となりました。

　この例は，利用者とソーシャルワーカーの援助関係に置き換えることがで
きるのではないでしょうか。たとえ援助者が知識と援助技術を持っていたと
しても，対人関係において信頼関係が築けなければ援助の展開は行き詰まる

結果となるでしょう。

　この実習を通して，信頼関係の構築がなされた実感を持つ人は，その経験を自信としてさまざまな人との関わりにチャレンジしてみてほしいと思います。

3）自らが援助の道具となるソーシャルワーカー

　ソーシャルワーカーは，いわゆる道具を持たずに仕事をしているといわれ，自分自身そのものが大切な道具となります。例えば，医師は治療のために高度な精密機器等を使いこなしています。精密機器等を使いこなす技は専門的であり，一般に高度な専門職として社会に認識されています。そしてまた，理容師は，1本が1mmにも達しない髪の毛を切るための道具となるハサミをよく研ぎ，丹念に手入れをして成果の向上に寄与させています。それに対し，自分自身を道具として活用するソーシャルワーカーの専門性は，専門技術を目に見える形として表わせないがゆえに，社会的に専門職として認識されにくいという特徴があります。その専門性を高めるためには，活用しうるだけの自分自身を常に磨き，自己の特性を認識し，適切に自己を活用することが求められています。ソーシャルワーカーが援助を実施する際，いつ，いかなる場合でもソーシャルワーカーとしてある一定の反応をする等と，決まりきった反応を常に取るわけではありません。たとえ同じ内容の相談が持ち込まれた場合でも，その相手により，また置かれている立場性，自らの経験の積み重ねの状況により，その反応は一定ではなく常に変化する可能性を秘めています。自分自身を自分のためだけではなく，利用者自身のために磨き続けることが専門職として求められているのです。ソーシャルワーカーが知識や技術の向上を目指さずに錆びたハサミの状態で仕事をしていると明らかに援助の質が下がっていきます。

　ソーシャルワーカーは，倫理面からみても質の高い実践を行うために，「専門性の向上」が求められていることを考え合わせると，自分自身を高めていく努力は専門職の責務であることがわかります。私たちは，自分のため

のみならず，他者のために自らを
磨き，専門職として向上する努力
を永遠に続けていくことが求めら
れていることを忘れてはならない
のです。

4）自己覚知からの学び

　ソーシャルワーカーが自分自身
を援助に活用するということは，
自らの特徴を熟知しておくことが援助を展開する上で必要となります。端的
にいえば，ソーシャルワーカーが自分自身をよく理解しておくということで
す。ソーシャルワーカー自身がその対人援助場面において，利用者に対し，
どのように反応し，行動するのか，また自身のパーソナリティにどのような
特徴があるのか等の自己理解が求められています。

　例えば，高齢者施設で趣味活動のちぎり絵を実施している利用者がいまし
た。しかし，上手く色紙に貼ることができず，お世辞にもきれいな出来栄え
とはいえませんでした。それを実習生は，綺麗に色紙に貼らせたいという気
持ちから一生懸命サポートをしました。それを見た現場の実習指導者から趣
味活動の目的は，綺麗に貼ることではないという指摘を受け，実習生は自分
が綺麗にでき上がることを目的としていた自己の価値観に気づき，利用者の
思いを感じとることさえできていなかったことを知りました。実習生は，綺
麗に色紙ができ上がった方が利用者も喜ぶであろうし，いつも内気な利用者
が周囲から一目置かれる存在となることができるのではないかと勝手に考え
ていました。

　しかし，実習指導者に趣味活動の目的を指摘された後，利用者に趣味活動
について実習生が聞いてみると「若い実習生さんと一緒に好きなちぎり絵が
できて，使ったことがない色遣いに挑戦する勇気も湧き，普段と違うでき上
がりに満足している」という利用者の思わぬ反応が返ってきました。そう言

われ，色紙を見直すと独創的なちぎり絵ができ上がっていると実習生は感じ，また，2時間余りも休憩を入れずに利用者と意見交換しながら集中し，作成した時間が自分も楽しかったと改めて感じたことを振り返りました。

　ここで考えておかなければならないことは，自己覚知とは，ソーシャルワーカーの性格や特徴を分析するだけではなく，他者との関係を通してソーシャルワーカー自身を知ることが援助関係の構築に意味があるということです。ちぎり絵等の作品を綺麗に作ることに価値をおいていたという「自己覚知」だけではなく，利用者との関係で自分がどうあったかというように，常に他者との関係において自己が存在していることを発見していくことが対人援助における自己覚知といえるのです。

　このような視点で実習を振り返ると，自らの他者への関わり方やその姿勢が見えてきた人がいるのではないでしょうか。このような振り返りを丁寧に行うことにより自分を知り，そこから将来の道や自己を考える材料となり得るのです。

（2）社会からの期待に気づくということ

1）専門職とは

　私たちは，何を目指してソーシャルワーク実践を行っているのでしょうか。それは，「人々の幸せ」を目指すということであることは，皆さんの承認が得られるでしょう。その「人々」と指し示す中には，それを問う「自分」も含まれていることは間違いないですが，ここでは「人々」の幸せということを，自分と異なる他者の幸せを目指すということとして考えていきたいと思います。

　社会学者のグード（Goode, W. J.）は，専門職の根本的な特質として，①専門的な知識獲得のための長期の訓練，②共同体ないし社会への無私のサービス指向，の2つを挙げています。1つ目は，皆さんが学校で体系的な理論を学び，教育課程においても実習が重要視され，さらには，就職してからも上

司等から指導を受け，研修等で学び続けることを示しています。2つ目は，人々の公共の福祉を願い，それに力を尽くすことを示しています。特に，2つ目の公共の福祉への貢献について焦点を当てて考えてみましょう。ソーシャルワーカーが自らを専門職と公言し，その地位を社会で確立させているといえる主な理由は，自らの利益を求めて仕事をしているのではなく，他人の幸福や利益を図ることを第1に考え行動しているからです。専門職というのは社会や周囲から承認されない限り確立できないわけですが，社会が専門職であることを容認する要素として，自らの利益追求を求めるために働く人ではなく，分け隔てなく平等に他者のために働く人なのです。そのような社会全体に対する福祉の貢献を市民は求めているといえるでしょう。

　ソーシャルワークを実践する際にどこに価値基準を置くかは，実践の本質に関わる重要な点です。ソーシャルワーカーのもっている価値によって，どのように行動するのか，何を優先するのかが決定されているのです。例えば，今，自分がしたいことがあった場合でも他者から直ちに対応してほしいと頼みごとをされれば，自分のことを後回しにして，他者を優先して対応すること等ということは日常的な場面でもあります。ソーシャルワーカーの業務の場合も同様であり，例えば，自分の時間を削って他者のために尽くすということは，実習場面においても見聞きしたことでしょう。この時にソーシャルワーカーは，自分のことよりも他者を優先し，活動するという価値を持ち，そこに対価が生じなくても他者のために尽くそうとする奉仕的精神により実践が行われているのです。

　実習中に働く専門職の動きを観察したことにより，いかに周囲からの期待が高いか，また，社会からどのような期待が存在するのかということを身をもって理解できたのではないかと思います。

２）「他者に奉仕する」ということの落とし穴

　ソーシャルワーク実習において，「他者のために」と一生懸命利用者のことを考え，行動したことが日常的にあったと思います。しかし，自分は，他

者を思い懸命に行動したつもりでも，果たして他者に対する100％の気持ち
だけでその行為は成立していたのでしょうか。それを問われるのが自分自身
を活用するソーシャルワークの難しい課題です。

　阿部志郎は講演の中で，ソーシャルワークは，「肉体的，精神的，社会的
な人間の弱さに関わる仕事」[1]だと述べています。したがって，それゆえに
ソーシャルワーカーは，その弱さに付け込むことができる存在であり，それ
を防ぐために禁欲的態度と厳しい職業倫理が求められるといえます。禁欲的
態度というのは，私たちが持つさまざまな欲を封じて，この仕事を実施する
ために身を整えておくということです。実習中に皆さんは，やりたいことも
我慢して，実習のために身体の調子を整え，実習に必要な学習を深め，期間
中，これに力を注いできたと思います。この禁欲的な態度が，対人援助の専
門職には求められるのです。

　また，人は誰よりも自分を愛し，自らを優先しがちであるために，専門職
としての倫理を遵守できるように自主的に「倫理綱領」を作成しています。
こうして，専門職としてどうあるべきかを文章化し内外へ知らせ，自分自身
を戒めて，実践の際に相手の弱さに付け込む事がないように自らの振り返り
を実施しているのです。

　弱さに付け込むとは，例えば，実習中に実習指導者から注意を受けたばか
りの実習生がいたとします。その実習生は，何とか職員や実習指導者に認め
られて，役に立っている人だと思われたいと考えていました。そんな時に，
利用者がある作業に時間がかかり，くたびれているように見えました。そこ
で，積極的に声を掛け，自らがその作業の大半を手伝い，倍のスピードで終
わらせてしまいました。利用者は苦労せずに作業が早く終わったことに感謝
し，何度も実習生にお礼を言いました。実習生は実習中にお礼を言われたこ
とがなかったこともあり，嬉しい気分になりました。この例を考えた時に実
習生は，お礼を言われ，自分は人の役に立てたと良い気持ちになりました。

　しかし，この作業は利用者にとってのリハビリテーション目的の活動であ

ったために，利用者が自力でやり遂げないと意味がないものでした。厳しい
言い方をすれば，実習生は自分の満足のために相手を利用したといえるかも
しれません。利用者は自分でやらなければならない作業であることは理解し
ていましたが，いつも自分を担当してくれ世話を焼いてくれる実習生の好意
を断ることができず，実習生にお礼を言ったのでした。日常的にケアを受け
ている人が人の善意を断ることは，大変勇気がいることです。「他者のため」
にという中に，自分のためにという意味がどこかに潜んでいないか点検する
必要があるのです。したがって，「他者のため」の実践の中で100％相手に
向かっている実践は，実は「他者と共に」という実践だといえるでしょう。

　実習の中で自分の本心を深く振り返って，今後の自身のあり方を考えてみ
る機会をつくってみましょう。

3）ソーシャルワーク機能が社会から求められていること
——現代社会におけるソーシャルワーク

　私たちの身の回りには，多くの生活上の問題が山積しています。例えば，
老々介護，孤独死，ワーキングプア，ひきこもり，高齢者，子ども，障害者
が被害者となる虐待，自殺者やホームレスの課題，犯罪者の再犯等々，実習
先においてもこれらの課題に直面した人に出会ったでしょう。これらの問題
は，他人事ではいられない誰の生活にも背中合わせである状況といえるでし
ょう。

　こうした問題を前にソーシャルワークは，生活の基盤としている地域で，
住民が主体的に解決できるように援助し，また，既存のサービスや社会の制
度だけでは解決できない場合，問題解決が図れるように新しいサービスや社
会制度の創設を目指していきます。これは専門職として実施すべきことです
が，専門職の立場ではなくとも，自らの生活に問題が生じた際に自ら解決す
るように住民同士で力を合わせたり，社会的に弱い状況にある人に理解ある
言葉や心のこもった行動を，一人の住民として行っていくことはできます。
その一住民としての活動は社会生活の潤滑油となり，誰しもが生きやすい地

域となっていく流れをつくっていきます。

　実習を終了して，何らかの理由からソーシャルワーカーを目指さないと決めた人もいるでしょう。その場合，ここまでの学びが無駄になるわけではありません。ここまでの学びすべては，社会で仕事ができる人材の養成を基礎としており，まず，社会人としてのあり方を学び，その上にソーシャルワークの専門的な知識と技術を学んでいます。この専門的な知識も技術も賢い市民として生きるために有益なものです。

　将来，ソーシャルワークの仕事をするかどうかにかかわらず，ここまでの学びを整理して，その活かし方を改めて確認してみましょう。

（3）実習後の学習の充実
1）学びを継続する意義
　学生と実習後の振り返りを行うと「知識が足りなかった」や「事前学習をもっとすべきだった」という反省点がよく上がります。実習指導者の使う専門用語が理解できなかったり，ケース検討会での討議の意義が理解できない体験からの反省です。しかし，知識は，あることにこしたことがないですがソーシャルワーカーに求められる知識は膨大です。すべてを網羅していることには無理があります。これからの学習を増やしていこうとする誓いに意味がありますがそれよりも何をどのように学び，知識をどう使っていくのかが重要です。それを現場の体験から整理し，考え続ける力が求められます。

　例えば，法律や規則を並べて覚えることと利用して使いこなしていくことの違いが上げられます。法律や規則を知ってそれを利用者のためにどのように使うのかということを自分の力で考えていくことが大切だということです。さらに知識が大切なのは，自分が理解できなかったということ自体が恥ずかしかったからという程度で終わるのではなく，知識がなかったことで利用者に不利益が起こるということを実感し，学び続ける大事さを実感できたことが実習の価値となるでしょう。そうすると学ぶことが自分のためだけではな

く，社会的な価値と意味が加わることがわかります。

２）専門職としてのキャリア形成

　専門職としての学習は，学校のカリキュラムに沿っている社会福祉士の受験資格取得にとどまるものではありません。国家資格を取得することは，どの分野においても専門職として当然であり，兼ね備えておかなければならないものであり，基礎資格であると理解することができます。社会福祉士の資格は，場に合わせて児童，高齢者，障害者，生活困窮者等の分野別に資格があるのではなく，ソーシャルワーク業務に従事する専門性に着目して制度化されています。したがって，社会福祉士を取得して働く場合は，どの分野でも働くことができるわけです。しかし，それぞれの分野特有の知識や専門性が個別に求められることも事実です。国家資格は，どの分野においても最低限通用するスタートラインを引いているものです。そこで国家資格を取得したのちも時代とその社会で起きる事象に鑑みて，実情に合わせて継続的に学び続ける必要があるわけです。

　さらに社会福祉士のキャリア向上のために認定社会福祉士制度も設けられています。一定程度の能力を認める各分野における認定社会福祉士や高度な知識と卓越した技術をもつ認定上級社会福祉士といった実務経験と研修の受講によって認定されます。また，介護支援専門員などの関連資格を取得し，キャリアアップを目指す方々も多いです。この他にも機関に所属せずに独立した事務所を開設し，独立型社会福祉士として活躍する専門職も多くなっています。

　こうして，学びの必要性は，社会の期待と各自の目指す先に永遠に続くと言えるでしょう。まず，実習後に自分の課題をみつけ，先を見据えながら学習を続けていく覚悟が必要となることがわかります。

2　実習で職業人としての基礎的職業能力を培う

　実習教育の経験は，卒業した後に職業人として求められる「基礎的職業能力」を育成します。学生の皆さんが在学中に十分な基礎的職業能力を身に付けることは，将来の進路選択の幅を広げるとともに，学校生活から職業生活へのステップアップをスムーズにすることでしょう。

（1）すべての職業人に求められる基礎的職業能力
1）キャリア教育と職業教育
　皆さんは，卒業後に，さまざまな分野の社会活動や経済活動を支えることが期待されています。無論，進学する方もいるでしょうが，多くの皆さんは職業に従事することになるでしょう。社会福祉士の教育課程に身をおいた学生の場合，その就職先は社会福祉施設や福祉行政機関等が中心となるでしょうが，それ以外のさまざまな産業分野で活躍する学生も少なくありません。

　さて，「キャリア教育」の実施がこれまで以上に求められています。また，社会福祉士の教育課程は，その教育目的からして「職業教育」の一面を持っています。特に実習教育を経験した学生諸君は，「キャリア教育」と「職業教育」の2つの学習のプロセスを経たことになります。

　「キャリア教育」とは，学校教育の場で社会人や職業人として自立できる人間を育てることです。つまり，一人ひとりの学生の社会的職業的自立に向けて，それに必要な基盤となる能力や態度，つまり「職業人としての基礎的職業能力」を育てることを目指した教育プログラムのことです。

　対して，「職業教育」というのは，特定の職業に従事するために必要な知識，技術，能力や態度を育てる教育のことです。つまり，社会福祉士養成の実習は「職業教育」の顔を持っているのです。

2）社会人基礎力と若年者就業基礎能力

さて，それでは，働くすべての人に求められる基礎的職業能力とはどのようなものでしょうか。職業人に求められている「能力」とはどのようなものか，いくつか検討してみましょう。

経済産業省が提起しているのが，「社会人基礎力」の考え方です。「職場や地域社会の中で多様な人々とともに仕事をしていくために必要な基礎的な力」として「社会人基礎力」の養成を推奨しています。「社会人基礎力」は「3つの能力」と「12の要素」から成り立っています（表6-1，次頁）。

次に，若年層を対象に厚生労働省が提起した「若年者就業基礎能力」（支援事業は休止中）という考え方があります。これは，若年層を採用する際に重視するポイントのことです。表6-2（201頁）のように，「コミュニケーション能力」「職業人意識」「基礎学力」「ビジネスマナー」「資格取得」から構成されています。

また，厚生労働省の「若年者雇用実態調査」によると，若年の正社員の育成方法として，採用する側の事業者が重視しているのは「職業意識・勤労観」58.5％，「業務に役立つ専門知識や技能」48.7％そして「マナー・社会常識」44.6％となっています。

3）基礎的職業能力とは

このようにみてくると，基礎的職業能力については次のような点が求められているようです。

第1に，社会的職業的自立意識です。社会生活の面でも，また職業人としても自立する意識を持っていることです。働くことが社会的責任であり，社

表 6-1　社会人基礎力

3つの能力	12の要素（3つの能力を構成）
アクション （前に踏み出す力）	主体性：物事に進んで取り組む力。 働きかけ力：他人に働きかけ巻き込む力。 実行力：目的を設定し確実に行動する力。
シンキング （考え抜く力）	課題発見力：現状を分析し目的や課題を明らかにする力。 計画力：課題の解決に向けたプロセスを明らかにし準備する力。 創造力：新しい価値を生み出す力。
チームワーク （チームで働く力）	発信力：自分の意見をわかりやすく伝える力。 傾聴力：相手の意見をていねいに聴く力。 柔軟性：意見の違いや立場の違いを理解する力。 情況把握力：自分と周囲の人，物事との関係性を理解する力。 規律性：社会のルールや人との約束を守る力。 ストレスコントロール力：ストレスの発生源に対応する力。

出所：経済産業省『社会人基礎力のススメ』2007年。

会の一員としての役割分担であるという認識を持つことです。

　第2に，人間関係形成能力やコミュニケーション能力といった，働き方の基本的なルールを身に付けていることです。ここでいう人間関係の形成能力とは，人と人の関係を上下関係で捉えるということではなく，円満な人間関係の形成能力のことです。具体的には，職場等における協調性のある態度，チームワークを保ち仕事ができること，あるいはリーダシップを発揮できることなどです。後者のコミュニケーション能力については，自己の主張（プレゼンテーションを含む）と傾聴的態度を組み合わせたコミュニケーション能力が持てているかどうかです。コミュニケーション能力では，他者との意思疎通が円滑に図れるとともに，「折り合いをつける能力」も求められます。

　第3に，労働規律です。これは「働き方の基本的なルール」の中に含まれますが，働く者一人ひとりの自己を律する能力や資質のことです。「自己に対する理解」や「自己を管理できる能力」のことです。仕事をするためには自分自身に対する理解や自己管理が求められます。自らの癖や長所あるいは短所についての理解です。「自己覚知」といってもよいでしょう。自己管理

表6-2　若年者就業基礎能力

コミュニケーション能力	意思疎通：主張と傾聴のバランスをとり，効果的な意思疎通ができる。双方向の円滑なコミュニケーション，意見集約ができる。
	協調性：双方の主張の調整ができる。相手の立場や自分の位置の理解，円滑な人間関係の形成，組織ルールに沿った行動ができる。
	自己表現能力：状況に合ったプレゼンテーションができる。伝えるべき事柄を適切な方法（文章や図表等）で相手に伝えられる。
職業人意識	責任感：社会人・職業人としての役割と責任の意識。主体的であり，組織秩序の維持を尊重。
	向上心・探究心：働くことへの関心や意欲を持ち，仕事上の知識や技術の修得や課題発見の意識，目標達成の意識を備えている。
	職業意識・勤労観：職業や勤労に対する広範な見方や考え方を持つとともに，職業選択や働くことを真剣に考えている。
基礎学力	読み書き：いわゆるビジネスに必要な定型的な文書を作成できる。新聞の社説程度の文書の読解ができる。
	計算・計数・数学的思考力：3桁の四則演算（分数と小数を含む）ができる。数学的・論理的に思考できる。
	社会人常識：政治・社会・経済・文化・歴史等の一般教養的な知識，新聞やテレビ等を情報源として主要な社会経済や時事問題を把握。
ビジネスマナー	あいさつと話し方：勤務中の日常的なあいさつができる。敬語表現を知っている。
	電話のマナー：仕事上の電話のかけ方や受け方を知っている。
	訪問の方法：アポイントのとり方，訪問時のマナー，名刺の受け渡し，自己紹介の方法を知っている。
	来客の対応：来客への対応の仕方や取り次ぎ方を知っている。
	話し方の基本，言葉遣い，話の聞き方や指示の受け方を知っている。
資格取得	情報技術関係：コンピュータの表計算ソフトやワープロソフトの基本操作ができ，インターネットによる情報検索ができる。
	経理・財務関係：経理・会計（簿記を含む），財務（財務諸表を含む）に関する知識を持ち活用できる。
	語学関係：社会人として必要な英語に関する知識を持ち活用できる。

出所：厚生労働省『厚生労働省における主な職業能力検定制度』2007年。

能力が土台となり，働く上での基本的なルールやマナーを遵守できるかどうかということになります。具体的には，時間の厳守，報告・連絡・相談等のビジネスマナーが身に付いていることが期待されます。仕事に取り組む態度としては，自ら課題を発見して，その解明と解決，対応策を考え抜くといった向上心や探究心が求められます。

　第4に，担当する仕事に必要な基礎学力や仕事に必要な資格や専門的知識・技術を持っていることです。ここでいう基礎学力とは，仕事上必要な短い定型文書を作成できる文書能力や簡単な計算能力，そして社会常識などです。

（2）実習教育に組み込まれている基礎的職業能力の育成機能

1）インターンシップとしての実習

　ソーシャルワーク実習のねらいは，講義や演習で学習した社会福祉学やソーシャルワークなどに関する専門的な知識や技術について，教室外の社会福祉施設などの場面で，それを実践的に適用・活用することによって専門的な知識と技術を総合化し，かつ深めていくことです。別の言い方をすれば，実習教育は，講義や演習で学んだ社会福祉学やソーシャルワークの知識・技術を，実習という教育方法により，経験を通じて確認し定着させることがねらいなのです。

　実習という教育方法は，基礎的職業能力を育成する潜在的な機能を持っています。皆さんが経験したソーシャルワーク実習の授業では，シラバスによりあらかじめ一定程度の学習内容のプログラム設計が行われています。具体的には，教員の指導の下に実習目標の検討と策定，実習の具体的な活動計画の事前の設計などが行われます。要するに，学習プログラムというシナリオが用意されているはずです。

　しかしながら，実際の実習は，「シナリオのない学習場面」となります。皆さんもそれを体験しているはずです。このようなことが普通に起こるのは，

授業が行われる場所が社会福祉施設などの活動実践の場だからです。実際に
サービスを利用する方たちがいて，ときには入所者として生活しています。
職業としてサービスを提供する福祉専門職の方たちも実際に働いているので
す。多くの人たちが人間関係を形成しコミュニケーションをとり時間が経過
していきます。当然，想定外の事態は頻繁に起こるのです。

　つまり，職業教育としての実習経験は，それが教室外の社会福祉施設など
で行われることから，それによって就業体験いわゆるインターンシップの一
面も持っているのです。

２）実習は基礎的職業能力を育成する

　実習により，皆さんは基礎的職業能力を学習し，その多くを身に付けてい
るはずです。

　高齢者，障害者，子どもなどが入所したり利用している社会福祉施設にお
ける実習は，これらの社会福祉サービスの利用者と直接的に接することによ
り教育が成り立ちます。実習では，それぞれのサービス利用者が抱える困難
や問題状況，あるいは苦悩を知ることになります。実習は「緊張状態の下で
の学習」となります。このような「重い現実」を知ることによって，社会福
祉の仕事から離れていく人もいるかもしれませんが，それも進路選択の一つ
のあり方だと思います。同時に，利用者の困難や苦悩，そして問題状況を受
け止め，その解決を自らの生涯の仕事とすることは，社会的職業的自立意識
が確立したことを意味します。そこには，主体的選択としての強いミッショ
ン意識（使命感）と高い勤労意欲が芽生えていることでしょう。

　実習場面では，常に社会福祉サービス利用者や指導して下さる施設職員な
どとの円滑なコミュニケーション能力が不可欠です。実習指導者からの指示
内容の理解，利用者のニーズへの傾聴の態度などの円満な人間関係の形成を
前提に成り立つものです。そして，その「人間関係とコミュニケーション」
は，ほとんど初めて経験するのではないでしょうか。学生の皆さんは小学校，
中学校，高等学校の12年間，そして専門学校・短期大学・大学生活という長

い学校生活の期間のほとんどにおいて,「教える側と教えられる側」という
固定的な人間関係とコミュニケーション関係の中にいました。基本的な関係
としては,教育というサービスを「受け取る側」にいたはずです。それが,
ソーシャルワーク実習ではサービスを提供する側になります。これは,初め
ての経験となったはずです。人間関係もコミュニケーション関係も,皆さん
の方から発信する積極性が求められます。

　インターンシップとしての実習は,多くの専門職が働く職場でもあります。
福祉専門職が仕事として,職場のルールに従って働いています。実習生は,
職場における労働規律を体験します。そして,実習生ではあるが,その行動
と発言は職業人に準ずることが求められます。社会人一般が要求される社会
常識やマナーがなければ,就業体験としての実習がスムーズに進まないので
す。

　ソーシャルワーク実習について厚生労働省が「求める学習内容」のガイド
ラインの中には,利用者や施設職員,そして地域住民との「基本的なコミュ
ニケーションや人との付き合い方などの円滑な人間関係の形成」が示されて
います。また,「多職種連携をはじめとする支援におけるチームアプローチ
の実際」では,職場における協調性や共同作業の仕方などを学習することが
求められています。厚生労働省が求める学習内容にも,実習教育による基礎
的職業能力の育成が期待されているのです。

（3）実習経験により広がるさまざまな進路と職業の世界
1）ヒューマンサービス業における実習経験の持つ意義
　ソーシャルワーク実習の経験は,それを学習した学生一人ひとりの社会的
職業的自立意識を育むとともに,人間関係形成能力やコミュニケーション能
力といった基本的な働き方のルールを身に付ける機会になっています。また,
実習が繰り広げられる場所は社会福祉施設などの「職場」であることから,
職業人としての労働規律も同時に学ぶことができ,社会人として,そして職

業人として求められる基礎的職業能力の育成につながっています。

　加えて，実習先が「ヒューマンサービス」組織であることは，学生の皆さんの基礎的職業能力の育成というだけではなく，人間的成長の面でもすぐれて有意義な経験を積むことになります。なお，ここでいう「ヒューマンサービス」とは，人が人を対象として提供するさまざまなサービスや職務などの全般を指しています。具体的には，保健，医療，福祉，介護，教育などの，人が人に対して必要な支援を行う対人援助サービスの総称です。「ヒューマンサービス」では，一人ひとりの人間が直面するさまざまな困難や解決すべき問題について，多職種の専門職が調整を図り，連携を深めながら，対処していかなければなりません。その点では，繰り返しになりますが，社会福祉施設などの実践現場での実習経験はそれを学習した者に対して，当の本人が想像する以上の人間的成長の機会を提供し，基礎的職業能力の質を高めてくれるでしょう。

２）広がる進路と職業選択のチャンス
──社会福祉施設・機関・シルバーサービスそして一般民間企業へ

　ソーシャルワーク実習は，社会福祉学やソーシャルワークを専攻する学科に配置されています。そこを卒業する学生たちに一般的に想定される進路や職業選択は，児童福祉施設，障害児・者福祉施設，高齢者福祉施設といった社会福祉施設，病院等の保健医療機関，地域福祉のための社会福祉協議会などがあります。介護保険制度関係では，地域包括支援センターも進路先の一つになります。これらの施設・機関が社会福祉法人や医療法人により設置運営されている場合は，それらの採用試験を受けることになります。市町村などの地方自治体が直接運営している場合は，「福祉職」の公務員の採用試験を受験しなければなりません。

　福祉事務所や児童相談所といった福祉行政機関で働くことを希望する方は，都道府県や市町村の公務員の採用試験を受けることになります。

　介護保険制度の下で，訪問介護や訪問入浴介護といった居宅サービスの領

域，そして認知症高齢者を利用者とするグループホームなどでは，株式会社といった一般の民間企業の参入が顕著です。これらの民間企業による要介護高齢者対象のサービスを提供する事業はシルバーサービス，シルバービジネス，あるいは介護ビジネスとも呼ばれています。かつての社会福祉サービスの提供は，市町村や特別区といった自治体や社会福祉法人が主にその役割を担ってきました。これからは，一般の民間企業が提供するシルバーサービスの世界も，卒業後の進路選択の一つに加える必要があるでしょう。

　シルバーサービスには，大手家電メーカーなどの異業種から参入してきています。また，入所系サービスでは有料老人ホームの領域に，大手の生命保険会社や電鉄会社，そして外食産業も進出しています。

　「学生の就職先は社会福祉法人や医療法人」といったイメージは薄らぎつつあります。皆さんも，進路や就職先としての視野を広げる必要があるようです。

　さらに，実習経験は，社会福祉分野以外での進路選択や就職に際しても優位性を持つと考えられます。その理由の一つは，通常のインターンシップとは異なり，ソーシャルワーク実習の就業体験はきわめて緊張感のある貴重な体験だということです。しかも，その実習は長期間にわたっているのです。ソーシャルワーク実習の経験は，社会福祉以外のあらゆる業種や職種で通用する就業経験であり人生経験といえます。ヒューマンサービス業での実習を経験したことは，特にサービス業の世界で活かすことができるのではないでしょうか。かつて，著者が属する学科の卒業生は，航空会社の客室乗務員や地上要員，あるいは医療機器メーカー，子ども服メーカー，生命保険会社や銀行などの金融業にも就職しています。

　皆さんには，今まで以上に視野を広げた進路選択，就職活動が可能だといえるでしょう。

注

(1)　阿部志郎「ビデオ　福祉のこころ——介護・ケアする人の心のよりどころ
　　Vol. 2 支えられて共に暮らす」トロワモンジュ，1996年。

参考文献

阿部志郎編著『ヒューマンサービス論』中央法規出版，2006年。

加藤幸雄・小椋喜一郎・柿本誠・笛木俊一・牧洋子編『相談援助実習』中央法規出
　　版，2010年。

経済産業省『社会人基礎力のススメ』，2007年。

古閑博美編著『インターンシップ——キャリア教育としての就業体験』学文社，
　　2011年。

大島侑編『社会福祉実習教育論』海声社，1985年。

進藤雄三『医療の社会学』世界思想社，1990年。

『ふくしのしごとがわかる本』東京都社会福祉協議会，2012年。

宣賢奎『介護ビジネス経営戦略』kumi，2009年。

あ と が き

　本書は，ソーシャルワーク実習を大学で教えている教員と，実際に施設などで実習生を受け入れている生活相談員（実習指導者）らとで研究会を立ち上げて，はじめて現場実習に臨む学生を対象に作成したものです。

　学生の皆さんの多くは，既にボランティアなどで福祉現場に赴いた経験があると思いますが，実際，本格的に利用者と接したことは初めてではなかったでしょうか。今後，社会的に福祉人材へのニーズが高まっていくことは間違いありません。その意味でも，はじめて本格的に実習に臨んだ今の気持ちを大切に，将来，福祉現場で働いていただければと思います。

　なお，皆さんがこのような有意義な実習ができたのも，現場の利用者や職員のご協力あってのことです。その方々への感謝を忘れずにいて下さい。

　そして，その初心を思い返す意味でも，社会で働くようになってからも本書に記載されている内容などを確認するなどして，ソーシャルワーク技術の体得に励んでいただければ幸いです。

　また，淑徳大学教授の藤森雄介氏には，第2章の内容等について多大なアドバイスをいただきました。厚く御礼申し上げます。

　最後に，本書を作成するにあたってミネルヴァ書房の音田潔氏に感謝の意を述べたいと思います。公刊するまで多面的にご助言を頂きお世話になりました。今後のさらなる氏の活躍を，お祈りいたします。

　2021年1月

「学びが深まるソーシャルワーク実習」

編集委員会代表　長谷川匡俊

巻末資料

（1）社会福祉士の倫理綱領

前文

　われわれ社会福祉士は，すべての人が人間としての尊厳を有し，価値ある存在であり，平等であることを深く認識する。われわれは平和を擁護し，社会正義，人権，集団的責任，多様性尊重および全人的存在の原理に則り，人々がつながりを実感できる社会への変革と社会的包摂の実現をめざす専門職であり，多様な人々や組織と協働することを言明する。

　われわれは，社会システムおよび自然的・地理的環境と人々の生活が相互に関連していることに着目する。社会変動が環境破壊および人間疎外をもたらしている状況にあって，この専門職が社会にとって不可欠であることを自覚するとともに，社会福祉士の職責についての一般社会及び市民の理解を深め，その啓発に努める。

　われわれは，われわれの加盟する国際ソーシャルワーカー連盟と国際ソーシャルワーク教育学校連盟が採択した，次の「ソーシャルワーク専門職のグローバル定義」（2014年7月）を，ソーシャルワーク実践の基盤となるものとして認識し，その実践の拠り所とする。

ソーシャルワーク専門職のグローバル定義

　ソーシャルワークは，社会変革と社会開発，社会的結束，および人々のエンパワメントと解放を促進する，実践に基づいた専門職であり学問である。社会正義，人権，集団的責任，および多様性尊重の諸原理は，ソーシャルワークの中核をなす。ソーシャルワークの理論，社会科学，人文学，および地域・民族固有の知を基盤として，ソーシャルワークは，生活課題に取り組みウェルビーイングを高めるよう，人々やさまざまな構造に働きかける。

　この定義は，各国および世界の各地域で展開してもよい。　　　　（IFSW：2014.7.）※注1

　われわれは，ソーシャルワークの知識，技術の専門性と倫理性の維持，向上が専門職の責務であることを認識し，本綱領を制定してこれを遵守することを誓約する。

原理

Ⅰ（人間の尊厳） 社会福祉士は，すべての人々を，出自，人種，民族，国籍，性別，性自認，性的指向，年齢，身体的精神的状況，宗教的文化的背景，社会的地位，経済状況などの違いにかかわらず，かけがえのない存在として尊重する。

Ⅱ（人権） 社会福祉士は，すべての人々を生まれながらにして侵すことのできない権利を有する存在であることを認識し，いかなる理由によってもその権利の抑圧・侵害・略奪を容認しな

い。

Ⅲ（社会正義） 社会福祉士は，差別，貧困，抑圧，排除，無関心，暴力，環境破壊などの無い，自由，平等，共生に基づく社会正義の実現をめざす。

Ⅳ（集団的責任） 社会福祉士は，集団の有する力と責任を認識し，人と環境の双方に働きかけて，互恵的な社会の実現に貢献する。

Ⅴ（多様性の尊重） 社会福祉士は，個人，家族，集団，地域社会に存在する多様性を認識し，それらを尊重する社会の実現をめざす。

Ⅵ（全人的存在） 社会福祉士は，すべての人々を生物的，心理的，社会的，文化的，スピリチュアルな側面からなる全人的な存在として認識する。

倫理基準
Ⅰ　クライエントに対する倫理責任
1．（クライエントとの関係）社会福祉士は，クライエントとの専門的援助関係を最も大切にし，それを自己の利益のために利用しない。
2．（クライエントの利益の最優先）社会福祉士は，業務の遂行に際して，クライエントの利益を最優先に考える。
3．（受容）社会福祉士は，自らの先入観や偏見を排し，クライエントをあるがままに受容する。
4．（説明責任）社会福祉士は，クライエントに必要な情報を適切な方法・わかりやすい表現を用いて提供する。
5．（クライエントの自己決定の尊重）社会福祉士は，クライエントの自己決定を尊重し，クライエントがその権利を十分に理解し，活用できるようにする。また，社会福祉士は，クライエントの自己決定が本人の生命や健康を大きく損ねる場合や，他者の権利を脅かすような場合は，人と環境の相互作用の視点からクライエントとそこに関係する人々相互のウェルビーイングの調和を図ることに努める。
6．（参加の促進）社会福祉士は，クライエントが自らの人生に影響を及ぼす決定や行動のすべての局面において，完全な関与と参加を促進する。
7．（クライエントの意思決定への対応）社会福祉士は，意思決定が困難なクライエントに対して，常に最善の方法を用いて利益と権利を擁護する。
8．（プライバシーの尊重と秘密の保持）社会福祉士は，クライエントのプライバシーを尊重し秘密を保持する。
9．（記録の開示）社会福祉士は，クライエントから記録の開示の要求があった場合，非開示

とすべき正当な事由がない限り、クライエントに記録を開示する。

10．（差別や虐待の禁止）社会福祉士は、クライエントに対していかなる差別・虐待もしない。

11．（権利擁護）社会福祉士は、クライエントの権利を擁護し、その権利の行使を促進する。

12．（情報処理技術の適切な使用）社会福祉士は、情報処理技術の利用がクライエントの権利を侵害する危険性があることを認識し、その適切な使用に努める。

Ⅱ　組織・職場に対する倫理責任

1．（最良の実践を行う責務）社会福祉士は、自らが属する組織・職場の基本的な使命や理念を認識し、最良の業務を遂行する。

2．（同僚などへの敬意）社会福祉士は、組織・職場内のどのような立場にあっても、同僚および他の専門職などに敬意を払う。

3．（倫理綱領の理解の促進）社会福祉士は、組織・職場において本倫理綱領が認識されるよう働きかける。

4．（倫理的実践の推進）社会福祉士は、組織・職場の方針、規則、業務命令がソーシャルワークの倫理的実践を妨げる場合は、適切・妥当な方法・手段によって提言し、改善を図る。

5．（組織内アドボカシーの促進）社会福祉士は、組織・職場におけるあらゆる虐待または差別的・抑圧的な行為の予防および防止の促進を図る。

6．（組織改革）社会福祉士は、人々のニーズや社会状況の変化に応じて組織・職場の機能を評価し必要な改革を図る。

Ⅲ　社会に対する倫理責任

1．（ソーシャル・インクルージョン）社会福祉士は、あらゆる差別、貧困、抑圧、排除、無関心、暴力、環境破壊などに立ち向かい、包摂的な社会をめざす。

2．（社会への働きかけ）社会福祉士は、人権と社会正義の増進において変革と開発が必要であるとみなすとき、人々の主体性を活かしながら、社会に働きかける。

3．（グローバル社会への働きかけ）社会福祉士は、人権と社会正義に関する課題を解決するため、全世界のソーシャルワーカーと連帯し、グローバル社会に働きかける。

Ⅳ　専門職としての倫理責任

1．（専門性の向上）社会福祉士は、最良の実践を行うために、必要な資格を所持し、専門性の向上に努める。

2．（専門職の啓発）社会福祉士は、クライエント・他の専門職・市民に専門職としての実践を適切な手段をもって伝え、社会的信用を高めるよう努める。

3．（信用失墜行為の禁止）社会福祉士は、自分の権限の乱用や品位を傷つける行いなど、専門職全体の信用失墜となるような行為をしてはならない。

4．（社会的信用の保持）社会福祉士は，他の社会福祉士が専門職業の社会的信用を損なうような場合，本人にその事実を知らせ，必要な対応を促す。

5．（専門職の擁護）社会福祉士は，不当な批判を受けることがあれば，専門職として連帯し，その立場を擁護する。

6．（教育・訓練・管理における責務）社会福祉士は，教育・訓練・管理を行う場合，それらを受ける人の人権を尊重し，専門性の向上に寄与する。

7．（調査・研究）社会福祉士は，すべての調査・研究過程で，クライエントを含む研究対象の権利を尊重し，研究対象との関係に十分に注意を払い，倫理性を確保する。

8．（自己管理）社会福祉士は，何らかの個人的・社会的な困難に直面し，それが専門的判断や業務遂行に影響する場合，クライエントや他の人々を守るために必要な対応を行い，自己管理に努める。

注1．本綱領には「ソーシャルワーク専門職のグローバル定義」の本文のみを掲載してある。なお，アジア太平洋（2016年）および日本（2017年）における展開が制定されている。

注2．本綱領にいう「社会福祉士」とは，本倫理綱領を遵守することを誓約し，ソーシャルワークに携わる者をさす。

注3．本綱領にいう「クライエント」とは，「ソーシャルワーク専門職のグローバル定義」に照らし，ソーシャルワーカーに支援を求める人々，ソーシャルワークが必要な人々および変革や開発，結束の必要な社会に含まれるすべての人々をさす。

出所：公益社団法人日本社会福祉士会 HP（2020年10月2日アクセス）。

索　　引

執筆者紹介 (執筆順, 所属, 執筆分担)

長谷川 匡俊 (大乗淑徳学園理事長, まえがき・あとがき)

佐藤 俊一 (淑徳大学総合福祉学部教授, 第1章リード文・1)

山口 光治 (淑徳大学総合福祉学部教授, 第1章2)

西尾 孝司 (淑徳大学総合福祉学部教授, 第2章リード文・1・2(1)〜(6)・4)

藤野 達也 (淑徳大学総合福祉学部教授, 第2章2(7)〜(9)・3(3))

渋谷 哲 (淑徳大学総合福祉学部教授, 第2章2(10)(11)(13)・3(1))

山下 興一郎 (淑徳大学総合福祉学部准教授, 第2章2(12)・第4章3(2))

齊藤 順子 (淑徳大学総合福祉学部教授, 第2章2(14)・3(2))

柏女 霊峰 (淑徳大学総合福祉学部教授, 第3章リード文・3・5)

山下 幸子 (淑徳大学総合福祉学部教授, 第3章1・2(1)(2)・4(1))

伊藤 千尋 (淑徳大学総合福祉学部准教授, 第3章2(3))

髙梨 美代子 (淑徳大学総合福祉学部兼任講師, 第3章4(2)〜(5))

戸塚 法子 (淑徳大学総合福祉学部教授, 第4章リード文・1)

田坂 美緒 (社会福祉法人江古田明和会精神保健福祉士, 第4章2)

結城 康博 (淑徳大学総合福祉学部教授, 第4章3(1)(3)(4))

稲垣 美加子 (淑徳大学総合福祉学部教授, 第5章)

米村 美奈 (淑徳大学総合福祉学部教授, 第6章リード文・1)

下山 昭夫 (淑徳大学総合福祉学部教授, 第6章2)

■イラスト

結城紀子

学びが深まるソーシャルワーク実習

2021年3月30日　初版第1刷発行　　　　〈検印省略〉

定価はカバーに
表示しています

編　　者　「学びが深まるソーシャル
　　　　　ワーク実習」編集委員会

発 行 者　杉　田　啓　三

印 刷 者　中　村　勝　弘

発 行 所　株式会社　ミネルヴァ書房
607-8494　京都市山科区日ノ岡堤谷町1
電話代表　（075）581-5191
振替口座　01020-0-8076

ISBN978-4-623-09120-1

Printed in Japan

福祉は「性」とどう向き合うか
結城康博・米村美奈・武子愛・後藤宰人 著
四六判／244頁／本体2200円

主体性を引き出すOJTが福祉現場を変える
津田耕一 著
A5判／232頁／本体2500円

福祉専門職のための総合的・多面的アセスメント
渡部律子 著
A5判／272頁／本体2800円

ソーシャルワーカーのための養護原理
北川清一 著
A5判／244頁／本体2800円

社会を変えるソーシャルワーク
東洋大学福祉社会開発研究センター 編
A5判／242頁／本体2600円

ミネルヴァ書房
https://www.minervashobo.co.jp/